AF364138

*Giuseppe Santelli*

# SEMPLICEMENTE COSTITUZIONE

**Semplicemente Costituzione**
*di Giuseppe Santelli*
prima edizione: maggio 2018
seconda edizione: febbraio 2019
© *2019,* Santelli editore

**Santelli editore**
Viale Giacomo Mancini 236,
87100 Cosenza
0984.406939
info@santellieditore.it
www.santellieditore.it

Tutti i diritti sono riservati, compresi la traduzione, l'adattamento totale o parziale, la riproduzione, la comunicazione al pubblico e la messa a disposizione con qualsiasi mezzo e/o su qualunque supporto (ivi compresi i microfilm, i film, le fotocopie, i supporti elettronici o digitali), nonché la memorizzazione elettronica e qualsiasi sistema di immagazzinamento e recupero di informazioni. Ogni violazione di legge sarà perseguita a termini di legge.

# PREMESSA

Ho deciso di scrivere questo piccolo manuale sulla Costituzione italiana anzitutto perché ritengo che la conoscenza basilare della nostra Costituzione, dei valori della nostra Repubblica, della libertà e della democrazia, siano un patrimonio comune fondamentale che tutti devono, o meglio dovrebbero, conoscere. Per cui, spero di poter dare il mio contributo in tal senso.

Sono convinto che per far comprendere il diritto bisogna essere concreti, spiegando con la massima semplicità che è grazie alle regole che è possibile la vita in società. Dove non esistono regole nessuno è sicuro, nessuno è libero davvero. Regole significa libertà, rispetto reciproco. Se esistono delle regole universali, ogni società ha le proprie. E le nostre sono contenute nella Costituzione.

A nessuno venga in mente che è possibile compiere un percorso di studi, qualsiasi esso sia, senza conoscere la nostra Carta costituzionale. Dovrebbe essere la prima cosa che si impara a scuola dopo l'alfabeto e i numeri. Deve essere un diritto di tutti avere una scuola che ci insegna cos'è il diritto, a cosa serve. Perché se non lo fa la scuola poi è troppo tardi. È per questo un dovere del nostro Stato l'insegnamento obbligatorio della disciplina, una volta educazione civica, oggi cittadinanza e costituzione.

Il mio auspicio è quello di essere riuscito ad essere semplice e chiaro in modo tale che i ragazzi, e non solo, che leggeranno queste mie pagine riescano a comprenderne i contenuti con immediatezza. È bene precisare che nel diritto bisogna essere puntuali, perché regola vuol dire prima di tutto certezza e chiarezza delle stesse, e quindi non è possibile evitare alcuni tecnicismi. Tuttavia, ho provato a snocciolarli col fine di renderli fruibili alla più ampia platea possibile.

Qualora ci fossi riuscito è perché non sono propriamente un giurista e riesco a cogliere i dubbi di chi non ha studiato diritto. Non sono però improvvisato: sono un appassionato studioso di diritto e dottore in Scienze Politiche, con tesi il diritto pubblico.

La passione per il diritto la devo indubbiamente ai docenti che me l'hanno trasmessa nel corso dei miei studi universitari, all'Università della Calabria, che porto sempre nel cuore: il mio relatore di tesi Prof. Alessandro Mazzitelli, nonché i Prof. Gambino, Fiorita, Fragola, Ferrari, Pappano, Laghi.

Non resta che augurare: Buona Costituzione a tutti!

*Giuseppe Santelli*

# CAPITOLO 1:
## Cos'è la Costituzione Italiana

# 1. COS'È LA COSTITUZIONE ITALIANA

La Costituzione è la **Legge Fondamentale dello Stato**, così definita in quanto è di rango superiore nella gerarchia delle fonti del diritto. Infatti le *fonti del diritto*, ovvero tutti gli atti e i fatti da cui traggono origine le norme giuridiche, sono ordinate secondo un criterio di gerarchia che pone la Costituzione al suo livello superiore. La Costituzione italiana si caratterizza per essere scritta, lunga, votata, compromissoria, democratica, programmatica e rigida (cioè modificabile solo mediante una procedura aggravata). L'assetto di tipo rigido è stato scelto proprio per evitare che ciascun Governo possa modificarla velocemente e con la sua maggioranza semplice, essendo la Costituzione patrimonio di tutti e quindi da modificare eventualmente grazie ad uno sforzo condiviso e il più ampio possibile, essendo peraltro nata proprio così, ovverosia come forma di accordo tra le forze politiche a seguito della II guerra mondiale. I principi indicati dalla Costituzione si concretizzano mediante l'attuazione degli stessi da parte della legge ordinaria o della giurisprudenza.

## 1. COM'È NATA

La Costituzione Italiana venne approvata ufficialmente il 22 Dicembre 1947 ed entrò in vigore il 1° Gennaio del 1948 a seguito del lavoro di scrittura ed elaborazione dell'**Assemblea Costituente**, che era l'organismo in cui i **padri costituenti** si riunirono per redigere la Carta costituzionale. Tale organismo rappresentava tutti i Territori italiani e tutti gli schieramenti politici che vennero scelti, mediante elezioni democratiche, dai cittadini dell'Italia dell'epoca. L'elezione avvenne contestualmente al referendum del 2 Giugno 1946, laddove la maggioranza degli italiani (54%) scelse di istituire la **Repubblica** al posto della **Monarchia**. I 556 eletti nell'Assemblea Costituente facevano parte soprattutto di tre partiti politici, anche se non solo, che rappresentavano circa ¾ della popolazione andata al voto: la **Democrazia Cristiana** ottenne il 35,2% dei suffragi, il **Partito socialista** il 20,7% e il **Partito comunista** il 18,9%. All'interno della Costituente venne istituita una *Commissione per la Costituzione* composta da 75 membri che furono incaricati di redigere nel dettaglio le varie parti che avrebbero dovuto comporre la Carta, per poi essere approvate nell'Assemblea plenaria. La Nostra Costituzione è infatti il frutto del compromesso venuto fuori dell'incontro delle forze politiche che erano maggiormente rappresentative negli anni dell'approvazione, facendo così confluire i loro filoni di pensiero in una sintesi rappresentante i valori di fondo della nascente Repubblica: il filone cattolico, quello socialista e, infine, quello comunista. Le grandi escluse dai lavori furono le forze che si richiamavano al fascismo, indebolite dalla sconfitta definitiva del regime guidato per oltre vent'anni da Benito Mussolini. La Costituzione del 1948 rappresenta così l'assetto dei valori intrinseci alla allora neonata Repubblica Italiana.

## 2. COM'È SUDDIVISA

La Costituzione italiana si compone di 139 articoli ed è suddivisa al proprio interno in tre parti: i principi fondamentali che ne costituiscono il nucleo di valori fondanti e le due parti concernenti l'uno i diritti e i doveri dei cittadini e l'altro l'Ordinamento della Repubblica, suddivisi a loro volta in vari Titoli (rispettivamente quattro e sei). Nella parte finale troviamo, infine, le disposizioni finali e transitorie.

- **I principi fondamentali** (dall'art.1 all'art 12): la parte dei principi fondamentali racchiude i principi fondanti la Repubblica e funge da parte introduttiva, indirizzando lo sviluppo successivo della Costituzione. Tra essi trovano spazio il principio democratico, il principio repubblicano, il principio personalista, il principio solidarista, il principio d'uguaglianza, il principio laburista, il principio pacifista e altri principi fondanti il nostro ordinamento giuridico.

- **Parte I: Diritti e doveri dei cittadini** (dall'art.13 all'art.54): la Parte I enuncia tutti i diritti e i doveri in capo a ciascun cittadino, suddividendo in quattro parti i tipi di rapporti possibili tra Stato e cittadini: rapporti civili, rapporti etico-sociali, rapporti economici e rapporti civili.

- **Parte II: L'ordinamento della Repubblica** (dall'art.55 all'art.139): la Parte II stabilisce l'organizzazione delle istituzioni repubblicane e tutto ciò che ad esse viene collegato. Vengono qui disciplinati il potere legislativo, il potere esecutivo, il potere giudiziario, il Presidente della Repubblica, le autonomie locali e il sistema delle garanzie costituzionali.

- **Disposizioni finali e transitorie:** si tratta di 18 disposizioni che avevano l'intento di gestire il passaggio dall'ordinamento monarchico a quello repubblicano. Sono eccezionali, nel senso che una volta raggiunto il loro scopo non possono ripetersi. Tra esse: il divieto di riorganizzazione del disciolto Partito Nazionale Fascista; la deroga alle norme costituzionali per la temporanea limitazione dei diritti politici dei dirigenti del medesimo partito; il non riconoscimento dei titoli nobiliari, e la loro nullità.

# CAPITOLO 2: I PRINCIPI FONDAMENTALI

# 2. PRINCIPI FONDAMENTALI

I **principi fondamentali** (i primi dodici articoli) sono il nucleo essenziale di valori che caratterizzano la nostra Costituzione e sono fondanti per il nostro Stato, essendo che delineano in che tipo di Stato viviamo. Infatti sono il principio da cui scaturiscono tutte le altre leggi, che devono attenersi ai suddetti principi, rispettandoli e sviluppandoli. Essendo posti nella parte iniziale della Costituzione, fanno anche da apertura a tutti gli articoli successivi, i quali specificano, sviluppano e completano i principi fondamentali. Questi dodici articoli vanno quindi a descrivere i tratti salienti della nostra Repubblica.

## 1. LA REPUBBLICA DEMOCRATICA

L'articolo 1 apre la Costituzione affermando che: "*l'Italia è una Repubblica democratica, fondata sul lavoro.*" Il primo comma definisce, infatti, che l'Italia è una **Repubblica.** Nell'antica Roma *res publica* significava letteralmente *cosa del popolo*, inteso non solo come un indistinto aggregato di persone, ma un insieme di persone che condividono delle regole di diritto e si riuniscono intorno a un interesse comune da tutelare. In tal senso la Repubblica è una forma di Governo non in mano a una singola persona o a un gruppo ristretto di persone, ma idealmente in mano a tutti. La nostra, in particolare, è una Repubblica Parlamentare, in cui il Parlamento è il baricentro del sistema istituzionale, essendo rappresentativo della volontà popolare. Il primo comma specifica anche la forma di Stato, definita come **democratica.** Nell'antica Grecia *demos* e *kratos* stavano ad indicare le odierne parole popolo e potere, originariamente inteso come governo del popolo. Con l'espressione *"fondata sul lavoro"* si vuole inoltre affermare l'importanza e la dignità del lavoro per il singolo e per tutta la comunità statale, come elemento essenziale e fondante la nostra Repubblica democratica, visto come mezzo di sussistenza e sviluppo personale attraverso il quale ciascuno contribuisce allo sviluppo di tutta la Nazione. Il secondo comma specifica le modalità dell'esercizio della forma di Stato democratica, stabilendo che *"La sovranità appartiene al popolo, che la esercita nelle forme e nei limiti della Costituzione"*. In tal senso si precisa che il popolo è il titolare della sovranità, che viene esercitata solo secondo le modalità previste dalla Costituzione. Questo perchè nell'accezione contemporanea il concetto di democrazia è inteso come potere esercitato per il popolo, con il popolo e che viene dal popolo: *da, con* e *per* il popolo. Nel senso che il potere è esercitato nell'interesse del popolo, anche con la partecipazione dello stesso mediante gli istituti previsti dalla legge e proviene dal popolo, nel senso che a seguito di consultazione elettorale il popolo elegge i propri rappresentanti. La nostra è infatti una **democrazia rappresentativa**, in cui il potere di fare le leggi (cosiddetto potere legislativo) appartiene alle Camere (il Parlamento composto da Camera dei Deputati e Senato della Repubblica), che sono rappresentative della sovranità popolare. Completano il quadro generale le elezioni democratiche, che affinchè possano essere considerate tali si devono svolgere con cadenza regolare, mediante voto libero e segreto e secondo procedimenti stabiliti preventivamente.

## 2. I DIRITTI E I DOVERI DELLA PERSONA

Nell'articolo 2 viene affermato che la Repubblica *"riconosce e garantisce i diritti inviolabili dell'uomo"*, nel senso che essi sono pre-esistenti alla nascita della Costituzione Italiana, che oltre a riconoscerli ne garantisce anche la tutela. Emerge così il **principio personalista** e la centralità della persona umana come fulcro del nostro ordinamento giuridico, titolare di precisi diritti che sono meritevoli di tutela e garantiti dallo Stato, nonché di doveri inderogabili. I diritti inviolabili dell'uomo vengono garantiti non solo al singolo nella sua individualità, ma anche "*nelle formazioni sociali ove si svolge la sua personalità*", tra cui le principali e primarie sono la famiglia e la scuola, andandosi così ad affermare il **principio pluralista**. In tal senso il singolo è considerato come fulcro delle relazioni che si creano all'interno dello Stato, cioè le formazioni sociali a cui l'individuo può scegliere di partecipare, le quali sono altrettanto meritevoli di riconoscimento e tutela, proprio perchè è all'interno di queste e grazie a esse che l'individuo può sviluppare la propria personalità. Trova spazio in questo articolo il non meno importante **principio solidarista,** per cui non solo ciascuno è garantito nei propri diritti, ma deve anche adempiere ai "*doveri inderogabili di solidarietà politica, economica e sociale*", partecipando alla vita pubblica e adoperandosi a favore della crescita della comunità nazionale, mediante il proprio contributo politico, sociale ed economico.

## 3.  L'UGUAGLIANZA COME MISSIONE DELLA REPUBBLICA

L'articolo 3 afferma che formalmente tutti i cittadini "*sono eguali davanti alla legge*", nel senso che la legge è uguale per tutti i cittadini, i quali non possono essere discriminati dalla legge sulla base delle loro diversità "*di sesso, di razza, di lingua, di religione, di opinioni politiche, di condizioni personali e sociali*": ad esempio l'essere uomo o donna, l'essere ricchi o poveri, essere di una razza o di un'altra non costituisce motivo per cui la legge possa porre in essere delle misure discriminatorie. Viene dunque affermato in via teorica il **principio di uguaglianza**, anche se fin qui solo dal punto di vista formale. Tuttavia la Costituzione italiana si preoccupa non solo di affermare l'uguaglianza tra le persone in via di principio, ma decide di intervenire anche dal punto di vista sostanziale affermando che "*è compito della Repubblica rimuovere gli ostacoli di ordine economico e sociale*" che già sono presenti in natura, in quanto limitano "*di fatto la libertà e l'eguaglianza dei cittadini*", nella misura in cui nessun cittadino può essere realmente eguale agli altri e libero se poi è limitato nella sua azione da ostacoli socio-economici che impediscono sia il suo "*pieno sviluppo*", sia "*l'effettiva partecipazione di tutti i lavoratori all'organizzazione politica, economica e sociale del Paese*". Per far fronte alle diversità sociali la Repubblica ha predisposto la creazione dei diritti sociali, enunciati nella parte della Costituzione dedicata appositamente ai Rapporti etico-sociali (artt. 29-34). Per rimediare, invece, alle disparità di ordine economico sono stati previsti diversi oneri contributivi da parte dei cittadini, in base alle proprie possibilità, così da gravare su tutti in ragione della propria "*capacità contributiva*", con un sistema tributaria che "è informato a criteri di progressività" (art.53).

## 4. IL LAVORO COME DIRITTO E CONTRIBUTO ALLA SOCIETÀ'

L'articolo 4 afferma il **principio laburista**, che colloca il lavoro come diritto sociale fondamentale all'interno della Costituzione italiana, considerandolo come mezzo attraverso il quale l'individuo riesce ad affermare la propria personalità, nell'enunciare che "*La Repubblica riconosce a tutti i cittadini il diritto al lavoro e promuove le condizioni che rendano effettivo questo diritto*". Infatti grazie a queste affermazioni il lavoro viene configurato come fonte dell'autonomia dell'individuo, consentendo ad esso la possibilità effettiva di esercitare gli altri diritti costituzionalmente garantiti. Inoltre la Repubblica si impegna formalmente ad assicurare le migliori condizioni possibili per creare occupazione. Viene altresì considerato in un'ottica più ampia di collettività nella parte in cui si stabilisce che "*Ogni cittadino ha il dovere di svolgere, secondo le proprie possibilità e la propria scelta, un'attività o una funzione che concorra al progresso materiale o spirituale della società*". In tale accezione viene visto non solo come strumento individuale ma come mezzo attraverso il quale l'individuo può contribuire al progresso materiale e sociale della propria società. Oltretutto viene sancito che ogni cittadino può scegliere in libertà l'attività lavorativa che più preferisce.

## 5. LA REPUBBLICA TRA ACCENTRAMENTO E DECENTRAMENTO

Nell'articolo 5 viene sancito che la Repubblica è "*una e indivisibile*". Con ciò si intende sia l'unicità dello Stato, che è uno e solo, a prescindere dai livelli di Governo in cui è suddiviso, sia un divieto assoluto di separazione del territorio. Unicità tuttavia non significa che non possano esistere altri livelli di Governo, in quanto è la Costituzione stessa che li istituisce al fine adeguare la sua legislazione "*alle esigenze dell'autonomia e del decentramento*", al fine di attuare misure adatte ai diversi casi specifici. Viene infatti operato un bilanciamento tra accentramento (ovvero caso in cui tutti i poteri sono in mano allo Stato centrale) e federalismo (che è la massima forma di autonomia politica degli enti locali): gli enti locali infatti non hanno il semplice compito di perseguire le direttive che provengono dal Governo centrale, ma di integrarsi con esso, collaborando tramite l'applicazione delle misure necessarie a seconda delle specificità del Territorio di competenza. A tal proposito viene affermato che le autonomie locali vengono riconosciute e promosse dalla stessa Repubblica, attuando "*il più ampio decentramento amministrativo"*, per cui le ordinarie funzioni amministrative vengono assegnate in maniera più decentrata possibile, anche in capo ai Comuni.

## 6. LA TUTELA DELLE MINORANZE LINGUISTICHE

Le società democratiche si contraddistinguono per un elevato grado di riconoscimento e di tutela nei confronti delle minoranze. Il pluralismo è infatti necessario per la tutela delle diversità e la difesa delle identità minoritarie presenti in società. In particolare l'articolo 6 si preoccupa in particolare delle minoranze linguistiche, disponendo che *"La Repubblica tutela con apposite norme le minoranze linguistiche"*. Per analogia vengono ricomprese tra le suddette minoranze sia quelle sparse sul Territorio nazionale, sia quelle specifiche di realtà territoriali come Valle d'Aosta e Alto Adige. L'articolo va letto anche nell'ottica dell'art.3 per cui, se da un lato non possono essere poste delle discriminazioni fondate sulle differenze etnico-linguistiche, dall'altro possono essere predisposte norme a tutela di eventuali ostacoli che possono venirsi a creare a causa della minoranza etnico-linguistica di cui si fa parte, nel caso in cui vi sia un possibile impedimento alla piena partecipazione alla vita pubblica.

## 7. LA LAICITA' ITALIANA

Sebbene non sia esplicitamente previsto dal testo costituzionale, il combinato disposto degli artt. 2, 3, 7, 8, 19 e 20 fa desumere in via giurisprudenziale un **principio di laicità** come cardine del nostro ordinamento giuridico: la laicità italiana presenta dei tratti unici nel panorama costituzionale mondiale. Non viene infatti affermata direttamente la laicità dello Stato, come avviene in altri Paesi, né sancita una religione ufficiale di Stato. Viene invece stabilita l'esistenza di due ordini sovrani e indipendenti dall'articolo 7, nel disporre che *"Lo Stato e la Chiesa cattolica sono, ciascuno nel proprio ordine, indipendenti e sovrani"*. I rapporti tra Stato e Chiesa *"sono regolati dai Patti Lateranensi"*, che sono stati stipulati nel 1929 e possono essere modificati con il consenso di entrambe le parti. La stipula dei **Patti Lateranensi** avvenne per risolvere i contrasti tra lo Stato (che all'epoca della firma era fascista) e la Chiesa Cattolica, che si susseguirono sin dal 1870 a causa dell'annessione di Roma all'Italia e quindi della scomparsa del territorio di quello che all'epoca era lo Stato della Chiesa. I Patti Lateranensi infatti riconobbero alla Santa Sede la sovranità sullo Stato della Città del Vaticano e stabilirono che la religione cattolica era la sola religione dello Stato. Furono inoltre previste misure economiche di risarcimento nei confronti della Chiesa giustificate come danno finanziario dovuto alla cessazione del potere temporale, oltre che un "Concordato" che definiva le relazioni civili e religiose in Italia tra Chiesa e Governo. A distanza di oltre trent'anni dall'approvazione della Costituzione vi fu una revisione organica della normativa pattizia con la stipula di Villa Madama in cui, con il nuovo **Accordo del 1984**, si stabilì: l'abrogazione del confessionismo statale e quindi la neutralità dello Stato in materia religiosa; l'insegnamento della religione cattolica nelle scuole di ogni ordine e grado (anche se non più come fondamento dell'istruzione pubblica) ma con la garanzia per gli studenti di poter esercitare il diritto di scegliere se avvalersi o meno dell'insegnamento; una nuova disciplina sui contratti matrimoniali, per cui *"sono riconosciuti gli effetti civili ai matrimoni contratti secondo le norme del diritto canonico"* con determinati limiti nel rispetto della legge civile italiana. Il fenomeno religioso dunque, se da un lato, viene esplicitamente distinto dalla sfera statale, dall'altro, non è comunque indifferente dinnanzi allo Stato, laddove si afferma altresì una tutela del sentimento religioso, a prescindere dalla confessione religiosa che lo esprime, andando così anche ad affermare il pluralismo delle confessioni religiose. Infatti l'articolo 8 afferma che *"tutte le confessioni religiose sono egualmente libere davanti alla legge"*. Anche per le religioni diverse da quella cattolica, dunque, sono previste delle intese al fine di regolare i rapporti tra lo Stato e le rappresentanze delle suddette confessioni religiose. Esse possono *"organizzarsi secondo i propri statuti"* purchè questi *"'non contrastino con l'ordinamento giuridico italiano"*.


## 8. CULTURA, RICERCA E AMBIENTE

L'articolo 9 afferma un impegno attivo da parte dello Stato a favore dello *"sviluppo della cultura"* e della *"ricerca scientifica e tecnica"*. La cultura è dunque libera nelle sue forme, libera nelle sue strutture e libero è chi la esercita. La Repubblica si interessa non solo di riconoscere tali libertà, ma anche di promuoverne lo sviluppo quale estrinsecazione dello sviluppo della personalità dell'individuo, in linea con il principio personalista dell'art.2. Lo stesso vale per la ricerca scientifica e tecnica. Cultura e ricerca, al fine di svilupparsi, necessitano di formazioni sociali, che sono individuate dalla Costituzione come aggregati sociali fondamentali per lo sviluppo dell'individuo. Le stesse – cultura e ricerca – sono anche un contributo fondamentale allo sviluppo della comunità nazionale e alla crescita della stessa in termini sociali ed economici e per questo meritevoli di riconoscimento, tutela e promozione. La Repubblica, dunque, si impegna a preservare, valorizzare e incentivare il progresso culturale, tecnico e scientifico del Paese senza imporre modelli culturali che possano limitare il libero estrinsecarsi della personalità o della comunità nazionale. Nell'art.9 è stabilito inoltre che la Repubblica si impegna altresì a tutelare *"il paesaggio e il patrimonio storico e artistico della Nazione"*. La nozione di paesaggio è stata poi estesa fino a ricomprendere l'ambiente in generale; il patrimonio storico e artistico ricomprende tutti i beni culturali di carattere storico e artistico, che sono simbolo della Nazione. I compiti di tutela da parte della Repubblica vanno ben oltre la mera difesa dei beni ambientali, culturali e paesaggistici: in ambito paesaggistico si tratta, piuttosto, di regolare interventi mirati e adeguati ai diversi interessi; per quanto concerne i beni culturali si tratta sia di preservare l'integrità fisica che di valorizzarne la funzione, rendendo il bene il più possibile fruibile; in merito all'ambiente, invece, non ci si limita al riconoscimento dell'importanza di una tutela dell'ambiente, ma si arriva alla promozione dei suoi aspetti culturali ed educativi.

## 9. I RAPPORTI DELLA REPUBBLICA CON IL DIRITTO INTERNAZIONALE

A norma dell'articolo 10 *"L'ordinamento giuridico italiano si conforma alle norme del diritto internazionale generalmente riconosciute"*. In tal modo la Repubblica si impegna a riconoscere all'interno del proprio ordinamento giuridico le disposizioni normative generalmente riconosciute dalla comunità di Stati, ovvero il diritto internazionale. In caso di contrasto tra le norme internazionali e quelle italiane sta al giudice interpretare il caso cercando di armonizzare le norme, posto che comunque non possono mai essere intaccati i principi fondamentali del nostro ordinamento. Lo stesso articolo, tra le altre cose, afferma che allo straniero al quale *"sia impedito nel suo paese l'effettivo esercizio delle libertà democratiche garantite dalla Costituzione"* viene garantito il diritto d'asilo nel territorio della Repubblica. Con tale disposizione si vuole affermare l'universalità del modello italiano fondato sulla libertà e sulla giustizia, riconoscendo a chiunque viva in un paese in cui non possa godere dei nostri medesimi principi la possibilità di rifugiarsi in Italia, mediante una richiesta di asilo politico.

## 10. PACE E SOVRANITA'

Nell'articolo 11 emerge con forza il **principio pacifista** insito nella Repubblica, disponendo che *"l'Italia ripudia la guerra come strumento di offesa alla libertà degli altri popoli e come mezzo di risoluzione delle controversie internazionali"*. Il rifiuto, bene inteso, è rivolto verso la guerra come strumento d'offesa. In chiave difensiva l'Italia è invece legittimata a reagire a fronte di attacchi altrui. Affinchè il principio pacifista sia pienamente esplicato la Repubblica *''consente, in condizioni di parità con gli altri Stati, alle limitazioni di sovranità necessarie ad un ordinamento che assicuri la pace e a giustizia fra le Nazioni''*. Si afferma dunque che la sovranità può essere limitata solo previa medesima limitazione da parte degli altri Stati, in quanto altrimenti non si potrebbe garantire una effettiva pace tra i popoli. Ancora, l'articolo 11 dispone che la Repubblica, in relazione alle finalità precedentemente indicate, *"promuove e favorisce le organizzazioni internazionali rivolte a tale scopo"*: inizialmente introdotta per favorire l'adesione dell'Italia all'Organizzazione delle Nazioni Unite, tale disposizione fu successivamente ritenuta tra i fondamenti dell'adesione italiana all'Unione Europea.

## 11. LA BANDIERA ITALIANA

L'articolo 12 si limita a definire le caratteristiche della bandiera della Repubblica, che è "il tricolore italiano: verde, bianco e rosso, a tre bande verticali di eguali dimensioni".

# CAPITOLO 3:
# I DIRITTI E I DOVERI DEI CITTADINI

# 3. I DIRITTI E I DOVERI DEI CITTADINI

La Parte I della Costituzione (che va dall'art.13 all'art.54) stabilisce sia i diritti di cui dispone ciascun cittadino che i doveri in capo ad ognuno di essi. La Parte I viene, a sua volta, suddivisa in 4 Titoli, che trattano le quattro diverse tipologie di rapporti che si vengono a creare tra lo Stato e i cittadini:

Titolo I: **rapporti civili** (art.13 – art.28)
Titolo II: **rapporti etico-sociali** (art.29 – art.34)
Titolo III: **rapporti economici** (art.35 – art.47)
Titolo IV: **rapporti politici** (art.48 – art.54)

## 1. I RAPPORTI CIVILI

I rapporti civili sono quei diritti e doveri che riguardano ciascun cittadino nei confronti del potere statale. In particolare si tratta di quelle libertà e quelle prerogative basilari che la Costituzione attribuisce a ogni cittadino, garantendone la tutela. I diritti civili sono dunque da intendersi, all'interno della più ampia categoria di diritti pubblici, come quell'insieme di libertà riconosciute all'individuo, il quale può liberamente disporre della propria persona e svolgere liberamente le proprie attività. Tali tutele sono costituzionalmente estese alle formazioni sociali di cui fa parte il singolo individuo (ad es. le associazioni). Nei rapporti civili della nostra costituzione rientrano in oltre alcune libertà in materia religiosa e alcune garanzie disposte a tutela dell'individuo.

# 1.1 LE LIBERTA' INDIVIDUALI

Il fondamento delle libertà individuali nel primo di questi articoli, ovvero l'art.13, il quale assicura che la **libertà personale** *"è inviolabile"*: ciascun cittadino ha pieno diritto di disporre della propria persona fisica. Tale libertà può essere limitata (*"con detenzione, ispezione o perquisizione personale"*) solo e soltanto nei casi e nei modi previsti dalla legge (tale istituto prende il nome di *riserva di legge*) e solo con un atto dell'autorità giudiziaria (tale istituto prende il nome di *riserva di giurisdizione*), che dev'essere peraltro motivato. L'autorità di pubblica sicurezza, in *"casi eccezionali di necessità ed urgenza, indicati tassativamente dalla legge"*, può adottare provvedimenti provvisori, i quali però *"devono essere comunicati entro quarantotto ore all'autorità giudiziaria"*, che li deve convalidare entro le successive quarantotto ore, altrimenti *"si intendono revocati"* e *"privi di ogni effetto"*. L'articolo stabilisce, inoltre, che va punita ogni forma di violenza nei confronti delle persona soggette a limitazioni di libertà. L'art.14 stabilisce che *"il domicilio è inviolabile"*. A tutela della **libertà di domicilio**, non è possibile *"eseguire ispezioni o perquisizioni o sequestri, se non nei casi e modi stabiliti dalla legge secondo le garanzie prescritte per la tutela della libertà personale"*. Viene altresì specificato che *"gli accertamenti e le ispezioni per motivi di sanità e di incolumità pubblica o a fini economici e fiscali sono regolati da leggi speciali"*. Anche **'la libertà e segretezza della corrispondenza e di ogni altra forma di comunicazione"** sono inviolabili e la loro limitazione può avvenire, ancora una volta, solo *"per atto motivato dell'autorità giudiziaria con le garanzie stabilite dalla legge"*. Tale libertà è da intendersi circoscritta alla comunicazione interpersonale tra privati e non riferibile a quella verso una generalità di soggetti, già regolata dall'art.21. L'art.16 afferma la **libertà di soggiorno e circolazione**, secondo cui ciascuno può *"circolare e soggiornare liberamente in qualsiasi parte* *del territorio nazionale"*, salvo che *"per motivi di sanità o di sicurezza"*, secondo quanto stabilito dalla legge. Le restrizioni, in ogni caso, non possono mai essere determinate da ragioni politiche.

## 1.2 LE LIBERTA' COLLETTIVE

Gli artt. 17-18 trattano delle libertà collettive. L'art.17 si riferisce alla **libertà di riunione**, ovvero l'adunanza di più persone in un luogo che sia però concordata preventivamente (diversamente si tratterebbe di semplice adunanza). Lo stesso vale per le riunioni in movimento, quali possono essere le processioni. La riunione deve avere carattere pacifico e *"senz'armi"*. Nel caso in cui la riunione sia di carattere pubblico dev'essere dato preavviso alle autorità (questore), le quali *"possono vietarle soltanto per comprovati motivi di sicurezza o di incolumità pubblica"*. Non si tratta dunque di una richiesta di autorizzazione, ma di un semplice avviso. L'art.18 stabilisce la **libertà di associazione**, per cui tutti i cittadini possono associarsi liberamente per fini che la legge non vieta ai singoli (come le associazioni a delinquere). Sono inoltre vietate le associazioni segrete e quelle che perseguono *"scopi politici mediante organizzazioni di carattere militare"*.

## 1.3 LE LIBERTA' IN TEMA DI RELIGIONE

Gli artt. 19 e 20 riprendono il tema delle confessioni religiose. L'art.19 statuisce la **libertà di religione**, nella misura in cui ciascuno può *"professare liberamente la propria fede religiosa in qualsiasi forma"*, oltre che *"farne propaganda"*, con l'unico limite del buon costume. Al fine di tutelare tale libertà concretamente, l'art.20 tutela le istituzioni religiose e i singoli che vi partecipano, stabilendo che il carattere ecclesiastico di una organizzazione non può essere motivo di *"speciali limitazioni legislative, né di speciali gravami fiscali per la sua costituzione, capacità giuridica e ogni forma di attività".*

## 1.4 LA LIBERRTA' DI MANIFESTAZIONE DEL PENSIERO

L'art.21 afferma la **libertà di manifestazione del pensiero** mediante ogni mezzo di diffusione. Tale nozione è intesa anche nel senso di libertà di non esprimere il proprio pensiero. Nella libertà di manifestazione del pensiero trovano protezione costituzionale, seppure in maniera indiretta, i **diritti legati all'informazione**: il diritto ad essere informati, il diritto a informare e il diritto ad informarsi. Questi diritti sono di fondamentale importanza in una democrazia, in cui è necessario che i cittadini esprimano in maniera consapevole il loro voto: il consenso, per essere consapevole, deve provenire da informazioni che devono essere il più corrette, veritiere e complete possibili, oltre che plurali, nel senso che devono provenire da più punti di vista. Questo perché le democrazie rappresentative si basano essenzialmente sul potere dei cittadini di scegliere i propri rappresentanti, nella misura in cui il momento elettorale è il punto di maggiore rottura e differenza rispetto a regimi non democratici. È necessario dunque che vi sia libertà di informare da parte dei mezzi di comunicazione, che non devono essere a tal proposito soggetti a censura preventiva da parte delle autorità, che vi sia il diritto ad essere informati da parte dei cittadini, i quali devono poter godere della migliore informazione possibile, che vi sia da parte degli stessi la possibilità di potersi informare autonomamente, quindi di avere a disposizione gli strumenti necessari per farlo. Per quanto concerne i mezzi di diffusione, l'articolo si concentra principalmente sul mezzo di diffusione della stampa, sia perché era quello principalmente utilizzato negli anni in cui è stata pensata la Costituzione, sia perché all'epoca rappresentava il settore più critico in materia di manifestazione del pensiero. La stampa era infatti soggetta ad autorizzazione e censura da parte del regime fascista, il quale decideva quali fossero i mezzi e i messaggi in linea con il regime e non in contrasto con lo stesso, con dei sistemi di controllo penetranti. Anche se privi di una disciplina costituzionale specifica bisogna fare riferimento anche agli altri mezzi attraverso i quali è possibile esprimere il proprio pensiero: la televisione, la radio, gli spettacolo e, da ultimo ma non meno rilevante, internet. L'articolo stabilisce che *"La stampa non può essere soggetta ad autorizzazioni o censure"*, nel senso che nessuno può impedire l'uscita e la diffusione, ad esempio, di un giornale. Tuttavia è bene precisare anche che questa impostazione può provocare la violazione dei diritti di un individuo, ad esempio con l'uscita di un articolo diffamante, che può violare la reputazione individuale. A tal proposito si è operato un bilanciamento e la soluzione ad eventuali lesioni è solo successiva (e quindi non preventiva) all'uscita dello stampato: *"Si può procedere a sequestro soltanto per atto motivato dell'autorità giudiziaria nel caso di delitti, per i quali la legge sulla stampa espressamente lo autorizzi, o nel caso di violazione delle norme che la legge stessa prescriva per l'indicazione dei responsabili"*. Il sequestro, per motivi di urgenza, può essere eseguito anche dalla polizia giudiziaria che deve, entro 24 ore, fare denunzia all'autorità giudiziaria, la quale deve convalidare il sequestro entro 24 ore, altrimenti si intende revocato. L'unico limite esplicito alla manifestazione del pensiero è costituito dal buon costume: a tal proposito è la legge che stabilisce i *"provvedimenti adeguati a prevenire e a reprimere le violazioni"*. Tuttavia esistono altri limiti che possono desumersi da altre norme previste in Costituzione, in particolare per limitare il diritto di cronaca da parte dei giornalisti, ovvero il diritto di informare e pubblicare ciò che è inerente a fatti e avvenimenti di interesse pubblico: si tratta dei limiti impliciti, come la riservatezza personale, l'onore individuale e i segreti di stato, istruttori o d'ufficio.

## 1.5 GARANZIE INDIVIDUALI

Gli artt. 22-28 chiudono la parte della Costituzione relativa ai diritti civili, stabilendo fondamentali garanzie per ciascuno e individuando importanti principi in materia di difesa, penale e processuale. L'art.22 assicura che *"nessuno può essere privato, per motivi politici, della capacità giuridica, della cittadinanza, del nome"*. L'art.23 stabilisce che *"nessuna prestazione personale o patrimoniale può essere imposta se non in base alla legge"*: solo la legge, che è espressione della volontà popolare, può imporre delle prestazioni (tasse, imposte, contributi) ai cittadini, in quanto queste costituiscono delle limitazioni alla libertà personale e solo la legge può offrire determinate garanzie che non consentano di abusare della propria funzione a chi è deputato alla riscossione. L'art.24 afferma che il **diritto alla difesa** è un *"diritto inviolabile in ogni stato e grado del procedimento"*. Ciascuno deve avere dunque la possibilità di difendersi, a prescindere dalle proprie possibilità economiche, ma anche di agire in giudizio, ovvero richiedere l'intervento della giustizia per difendere un proprio diritto o un proprio interesse legittimo. Per i non abbienti, infatti, vengono assicurati *"i mezzi per agire e difendersi"*: ciò significa che anche a chi non ha la forza economica di sostenere le spese e gli oneri di un processo viene assicurata la possibilità di difendersi e di richiedere l'intervento di un giudice a difesa dei propri diritti. L'art.25 stabilisce che *"nessuno può essere distolto dal giudice naturale precostituito per legge"*, a tutela dei singoli da possibili abusi o favoritismi. In questo modo solo la legge può dettare i criteri in base ai quali viene individuato, prima del giudizio, il giudice competente a decidere. Per scongiurare la possibilità di incardinare il giudizio davanti ad un organo non imparziale a causa della rigida applicazione del principio del giudice naturale, il che è possibile ad esempio se lo stesso è legato in qualche modo alla vicenda, la legge si preoccupa di costituire degli istituti specifici. Inoltre l'art.25 stabilisce che *"nessuno può essere punito se non in forza di una legge che sia entrata in vigore prima del fatto commesso"* e afferma così due principi:

1) Il **principio di irretroattività** per cui è vietato applicare una norma incriminatrice a fatti commessi prima della sua entrata in vigore, a garanzia per il singolo del fatto che una legge non possa in nessun modo essere pensata per incriminare ad hoc un fatto già compiuto a discapito della persona coinvolta; 2) **il principio di legalità**, per cui ogni attività dei pubblici poteri deve essere prevista dalla legge, quale atto del Parlamento, diretta espressione della volontà popolare. Nel caso specifico è solo la legge a poter modificare reati e pene esistenti o introdurne di nuovi. L'art.26 stabilisce che l'estradizione del cittadino è consentita solo se prevista da convenzioni internazionali e comunque non ammessa per reati politici. L'art.27 prevede dei principi cardine del sistema penale italiano, quali garanzie in un sistema civile e democratico, stabilendo: che *"la responsabilità penale è personale"*, per cui in ambito penale solo chi ha commesso il reato può essere chiamato a risponderne (ad esempio se qualcuno è colpevole di omicidio, una volta morto anch'esso, non è possibile incolparne i figli); *"l'imputato non è considerato colpevole sino alla condanna definitiva"*, a garanzia della presunzione di innocenza dell'individuo fino a prova contraria: ciò implica non il diritto di non essere considerato colpevole a tutela della sua onorabilità, reputazione ed integrità fisica, ma anche il diritto a non

vedersi inflitte sanzioni restrittive della libertà personale se non in forza di una condanna definitiva; la funzione rieducativa della pena e non punitiva del condannato, con pene che comunque non possono consistere in trattamenti disumani; che, di conseguenza alla funzione rieducativa stessa, *"non è ammessa la pena di morte"*. L'art.28 si riferisce a funzionari e dipendenti dello Stato e degli enti pubblici, i quali sono direttamente responsabili degli atti che violano diritti altrui, secondo quanto previsto dalla legge. La responsabilità civile, in ogni caso, si estende allo Stato e agli enti pubblici.

# 2 I RAPPORTI ETICO-SOCIALI

I rapporti etico-sociali sono quell'insieme di quei rapporti tra lo Stato e l'individuo considerato in quanto membro di una comunità sociale. Si tratta quindi di norme di carattere sociale, che consistono nell'ottenimento di prestazioni pubbliche che soddisfino le esigenze fondamentali dell'individuo. Vengono in considerazione, a tal proposito, le due principali formazioni sociali in cui l'individuo estrinseca la propria socialità e sviluppa la propria personalità: la famiglia e la scuola. Presupposto essenziale al fine dell'esercizio pieno dei diritti relativi all'individuo in senso sociale è la titolarità della salute, per cui sono previsti espressi diritti. Gli articoli relativi a tali rapporti vanno dall'art.29 all'art.34: gli artt.29-30-31 sono dedicati alla famiglia; gli artt.33-34 all'istruzione; l'art.32 alla salute.

## 2.1 LA FAMIGLIA

La famiglia è considerata come primo nucleo in cui l'essere umano entra in contatto con altri suoi simili, in cui impara i fondamenti di collaborazione e solidarietà e apprende i modelli educativi e culturali. La famiglia viene dunque individuata come *"società naturale fondata sul matrimonio"* come disposto dall'art.29: la famiglia non deriva dallo Stato, ma si auto-organizza ed è titolare di specifici diritti. Si evince dunque la libertà di scelta del proprio coniuge e si afferma *"l'eguaglianza morale e giuridica dei coniugi"* all'interno del matrimonio (art.29). La legge stabilisce garanzie a tutela dell'unità familiare. In capo ai genitori vi è il diritto-dovere di *"mantenere, istruire ed educare i figli, anche se nati fuori dal matrimonio"* (art.30): anche per questi ultimi la legge assicura *"ogni tutela giuridica e sociale, compatibile con diritti dei membri della famiglia legittima"* (art.30). Laddove si verifichino casi di incapacità la legge provvede a che siano assolti i compiti dei genitori, sempre secondo quanto disposto dall'art.30. Viene poi stabilito che *"La Repubblica agevola con misure economiche"* (art.31) formazione e sostentamento della famiglia: in particolare nei casi di famiglie numerose e a protezione di maternità, infanzia e gioventù.

## 2.2 LA SCUOLA

La scuola è considerato un altrettanto essenziale nucleo di proseguimento della formazione e sviluppo dell'individuo e della sua personalità, in quanto insostituibile strumento per socializzazione e apprendimento. A tal proposito il diritto all'istruzione è garantito a tutti, a prescindere dalla cittadinanza, in quanto l'istruzione viene considerato un passaggio fondamentale per i giovani affinché possano inserirsi professionalmente nella società e nel mercato del lavoro. Infatti l'art.34 dispone che *"la scuola è aperta a tutti"* e aggiunge che l'istruzione inferiore *"è obbligatoria e gratuita"*, vista la sua importanza. La Repubblica istituisce scuole statali per tutti gli ordini e gradi, anche se è possibile anche l'istituzione di scuole ed istituti di educazione da parte di enti privati, purché non vi siano oneri per lo stato, siano libere e venga assicurato ai *"loro alunni un trattamento scolastico equipollente a quello degli alunni di scuole statali"* (art.33). Inoltre *"le istituzioni di alta cultura, università ed accademie, hanno il diritto di darsi ordinamenti autonomi nei limiti stabiliti dalle leggi dello Stato"* (art.33). Per quanto concerne invece l'attività dell'insegnamento è sancito che *"l'arte e la scienza sono libere e libero ne è l'insegnamento"*: non esistono un'arte o una scienza di stato e in tal modo viene garantita la libertà di espressione culturale dell'insegnante e l'autonomia della didattica, oltre che la pluralità di posizioni culturali a favore di un pieno e completo sviluppo della personalità degli alunni. L'insegnante dev'essere in ogni caso neutrale, il che non implica assenza di una posizione personale, ma un obbligo di informare gli studenti sulle tesi diverse da quelle da egli sostenute, al fine di garantire l'obiettività. La libertà di insegnamento, infatti, viene considerata come una espansione della libertà della scienza e dell'arte, le quali non comprendono esclusivamente le scienze esatte, ma tutte le attività di indagine e ricerca. Tale libertà è individuale e non può essere dunque delegata o limitata da altri soggetti od organi. In ogni caso il diritto di libertà dell'insegnante trova i propri limiti nei doveri di solidarietà collettiva e di confronto con i singoli, destinatari dell'insegnamento: infatti l'art.31 prevede che la Repubblica debba proteggere l'infanzia e la gioventù, per cui si desume una necessaria tutela nei confronti degli studenti. Ulteriori limiti sono rinvenibili implicitamente da altre disposizioni costituzionali: l'ordine pubblico e le basilari regole di convivenza, il buon costume e il patrimonio spirituale della nazione, che non può essere svalutato.

## 2.3 LA SALUTE

La salute è il presupposto fondamentale di convivenza sociale, affinché tutti possano esercitare effettivamente i diritti che gli vengono riconosciuti dalla Costituzione. La tutela della salute è sia un diritto dell'individuo che un interesse collettivo. La titolarità di tale diritto è intesa sia come prevenzione e cura dalla malattia che, in senso più ampio, come generale benessere psico-fisico, che arriva fino alla tutela dell'integrità psico-fisico, nel diritto a vivere in un ambiente salubre, al diritto delle prestazioni sanitarie e nella libertà di cura (ciascuno è libero di scegliere se curarsi o meno, nessuno può essere obbligato a un determinato trattamento sanitario, se non per disposizione di legge). L'impegno dello Stato a tutela del diritto alla salute si sostanzia sia nella predisposizione delle strutture e delle condizioni necessarie ad offrire l'assistenza sanitaria. Per gli indigenti lo Stato garantisce la gratuità delle cure; per tutti gli altri la legge prevede delle forme di compartecipazione economica degli individui con lo Stato tali da coprire parte delle spese relative alle prestazioni sanitarie erogate dal servizio sanitario nazionale.

# 3. I RAPPORTI ECONOMICI

I rapporti economici tra i cittadini e lo Stato sono disciplinati dal Titolo III della Parte I, che comprende gli articoli dal 35 al 47. In tale titolo emerge con chiarezza il carattere compromissorio della Costituzione italiana ed è chiara l'influenza del liberalismo economico, della dottrina cattolico-sociale e delle ideologie di sinistra. È previsto dunque un sistema economico misto, in cui se da un lato è garantita la libertà di iniziativa economica, dall'altro è previsto un intervento dello Stato in economia. L'economia non è lasciata completamente al libero esplicarsi del mercato, ma vengono garantite libertà, sicurezza, dignità umana e realizzazione del diritto al lavoro per ciascuna persona.

## 3.1 IL LAVORO E LE SUE TUTELE

I primi cinque articoli del Titolo III Parte I trattano del tema del lavoro. A questo proposito, *"la Repubblica tutela il lavoro in tutte le sue forme ed applicazioni"* (art.35). È previsto anche il diritto di sciopero, *"da esercitare nell'ambito delle leggi che lo regolano"* (art.40). Più nello specifico, *"il lavoratore ha diritto ad una retribuzione proporzionata alla quantità e qualità del suo lavoro"*, e *in ogni caso sufficiente ad assicurare a sé e alla famiglia un'esistenza libera e dignitosa"* (art.36). Vengono oltretutto garantite sia la durata massima della giornata lavorativa dalla legge che il riposo settimanale e le ferie annuali, che devono comunque essere retribuite. L'art.37 sancisce la parità di diritti tra uomo e donna in ambito lavorativo, anche dal punto di vista della retribuzione, assicurando alle madri adeguata protezione vista la funzione familiare che svolgono. Medesimo trattamento è riservato ai minori, con speciali norme che garantiscono anche a questi ultimi il diritto alla parità di retribuzione. L'art.38 tutela, poi, i cittadini inabili al lavoro, stabilendo che essi hanno *"diritto al mantenimento e all'assistenza sociale".* Inabili e minorati hanno parimenti diritto all'avviamento professionale. Inoltre in casi di infortunio, malattia, invalidità e vecchiaia o disoccupazione involontaria, sono assicurati ai lavoratori mezzi adeguati alle loro esigenze di vita. Sono previsti specifici organi e istituti predisposti o integrati dallo Stato al fine di assicurare tali tutele. L'art.39 si preoccupa della disciplina riguardante i sindacati. A tal proposito dispone che *"l'organizzazione sindacale è libera"*, nel senso che non è soggetta ad obblighi, se non quelli di registrazione secondo le norme di legge. I sindacati sono associazioni dei lavoratori che, tra i vari compiti, hanno l'obiettivo di rappresentare gli stessi in sede di accordi che regolano le condizioni dei lavoratori nelle varie categorie. Tali accordi sono di norma obbligatori e vincolanti e i sindacati rappresentano i lavoratori in sede di firma del contratto e hanno il fine di proteggere e conservare i diritti dei propri rappresentati e della classe lavoratrice che rappresentano.

## 3.2 IL SISTEMA ECONOMICO

L'art.41 sancisce che *"l'iniziativa economica privata è libera"*, purché non in contrasto con utilità sociale, sicurezza e dignità umana. A tal proposito sono previsti dalla legge programmi e controlli affinché l'attività economica pubblica e privata sia indirizzata a fini sociali. La **libertà di iniziativa economica** si pone quale presupposto essenziale della **libertà d'impresa**. Oltre alla funzione sociale delle imprese è riconosciuta la funzione sociale della cooperazione a carattere di mutualità e senza fini di speculazione privata. La legge ne favorisce l'incremento, assicurandone carattere e finalità (art.45). La Repubblica, sempre in quest'ottica, *"incoraggia e tutela il risparmio"* privato (art.47). Al fine di garantire un'adeguata libertà economica la legge prevede la garanzia della proprietà privata, determinando *"i modi di acquisto, di godimento e i limiti allo scopo di assicurarne la funzione sociale e di renderla accessibile a tutti"* (art.42). La proprietà privata infatti può essere espropriata solo per motivi d'interesse generale, prevedendo un indennizzo e nei soli casi previsti dalla legge (art.42). L'espropriazione può riguardare anche imprese o categorie di imprese da riservare a enti o comunità, in caso di servizi pubblici essenziali o situazioni di monopolio e in caso di carattere preminente di interesse generale (art.43). Ulteriori limiti sono previsti dall'art.44, il quale prevede che la legge imponga vincoli alla proprietà terriera privata, fissando limiti di estensione al fine di conseguire un razionale sfruttamento del suolo e stabilire equi rapporti sociali.

# 4. I RAPPORTI POLITICI

Gli ultimi articoli della Parte I della Costituzione riguardano i rapporti politici, disciplinati dagli articoli che vanno dal 48 al 54, i quali costituiscono dunque il Titolo IV della Parte I. Si tratta di rapporti concernenti le modalità di partecipazione dei cittadini al processo politico e alla vita pubblica, intesa in parte come diritto e in parte come dovere. Tale partecipazione si concretizza con:

Il **diritto di voto** (art.48), il quale deve essere personale, eguale, libero e segreto. Sono elettori tutti i cittadini che hanno compiuto la maggiore età. L'esercizio di voto è un dovere civico in capo a tutti i cittadini. Il voto, infatti, è il momento saliente della vita democratica, in cui i cittadini hanno la possibilità di esprimersi sui propri rappresentanti.

Il **diritto di richiedere provvedimenti** legislativi (art.50), rivolgendo petizioni alle Camere. Trattasi di misure di partecipazione diretta dei cittadini al processo legislativo.

Il **diritto di aderire a un partito** (art.49), per cui i cittadini possono liberamente associarsi in partiti al fine di concorrere alla determinazione delle scelte politiche in maniera democratica. I partiti, in tale ottica, sono visti come gli attori politici che garantiscono ai singoli di partecipare alla vita politica in forma aggregata, la quale a sua volta consente un'effettiva incidenza sulle scelte democratiche.

Il **diritto di candidarsi alle elezioni** (art.51) e di accedere agli uffici pubblici in condizioni di eguaglianza.

Tra i doveri specifici vengono invece esplicitati:

Il **dovere di difendere la Patria** (art.52), definito come dovere sacro del cittadino.

Il **dovere di essere fedele alla Repubblica e alla Costituzione e osservarne le leggi** (art.54) e il dovere dei cittadini cui sono affidate funzioni pubbliche di adempierle con disciplina ed onore.

Il **dovere partecipare alle spese pubbliche** mediante i tributi, proporzionalmente alla propria capacità contributiva e dunque secondo criteri di progressività, in relazione al vantaggio di avvalersi dei servizi statali garantiti alla collettività (art.53).

# CAPITOLO 4: IL POTERE LEGISLATIVO

# 4. IL POTERE LEGISLATIVO

Nel Titolo I della Parte II della Costituzione sono espresse le norme concernenti il Parlamento. Il Titolo I è suddiviso a sua volta in due sezioni: Le Camere (dall'art.55 all'art.69) e La formazione delle leggi (dall'art.70 all'art.82). Il Parlamento, nell'idea dei padri costituenti, nasce come baricentro istituzionale del sistema politico italiano, in quanto organo rappresentante della sovranità popolare, essendo i suoi membri scelti direttamente dai cittadini grazie al voto. Il Parlamento è titolare del potere legislativo, ovvero il potere di approvare le leggi.

## 1. LE CAMERE

*"Il Parlamento si compone della Camera dei deputati e del Senato della Repubblica"* (art.55), composte rispettivamente da 630 deputati e 315 senatori. Si riuniscono, di norma, separatamente, anche se sono previsti dalla Costituzione stessa dei casi in cui *"il Parlamento si riunisce in seduta comune"* (art.55). Nei casi di seduta comune *"il Presidente e l'Ufficio di presidenza sono quelli della Camera dei deputati"* (art.63). Possono votare per eleggere i membri della Camera dei Deputati tutti i cittadini che hanno compiuto 18 anni, mentre per candidarsi è necessaria l'età di 25 anni (art.56). Nel caso del Senato della Repubblica l'età necessaria per votare è fissata a 25 anni, mentre sono necessari 40 anni compiuti per la candidatura (art.58). L'art.59 prevede che il Presidente della Repubblica, nel corso del proprio mandato, possa nominare 5 senatori a vita, tra i cittadini *"che hanno illustrati la Patria per altissimi meriti nel campo sociale, scientifico, artistico e letterario"*. Ciascuna Camera è eletta per 5 anni, anche se la durata può essere inferiore in caso di scioglimento anticipato o superiore nel caso di una proroga prevista *"per legge e soltanto*

*in caso di guerra*" (art.60). In ogni caso fino a quando non sono riunite le nuove Camere sono *"prorogati i poteri delle precedenti"* (art.61). A norma dell'art.61, le elezioni si tengono entro 70 giorni dalla fine della legislatura precedente e la prima riunione si tiene entro venti giorni dalle elezioni. *"Ciascuna Camera elegge fra i suoi componenti il Presidente e l'Ufficio di presidenza"* (art.63). Secondo le disposizioni dell'art.64: Le sedute di Ciascuna Camera sono pubbliche; ciascuna Camera ha un proprio regolamento, che viene adottato a maggioranza assoluta dei componenti; *"le deliberazioni di ciascuna Camera e del Parlamento non sono valide se non è presente la maggioranza dei loro componenti, e se non sono adottate a maggioranza dei presenti"* (salvo i casi di maggioranza speciale previsti dalla Costituzione).

## 1.1 IL RUOLO E LE GARANZIE DEI PARLAMENTARI

È la legge a determinare i casi di ineleggibilità e di incompatibilità di deputati e senatori (art.65), mentre sono le Camere a giudicare delle cause sopraggiunge di ineleggibilità e di incompatibilità (art.66). L'art.67 sancisce il divieto di mandato imperativo, per cui il mandato parlamentare degli eletti non può essere vincolato dal partito politico, in quanto i parlamentari, nell'esercizio delle proprie funzioni, rappresentano la Nazione. Secondo l'art.68 i parlamentari *"non possono essere chiamati a rispondere delle opinioni espresse e dei voti dati"*: ciò vale nell'esercizio delle sue funzioni di parlamentare. Per poter limitare la libertà personale di un parlamentare, sottoporre lo stesso a intercettazione o arrestarlo è necessaria l'autorizzazione della Camera di appartenenza. La detenzione prescinde dall'approvazione solo nel caso di *"esecuzione di una sentenza irrevocabile di condanna"*, cioè se il parlamentare *"sia colto nell'atto di commettere un delitto per il quale è previsto l'arresto obbligatorio in flagranza"*. L'art.69 stabilisce che i parlamentari *"ricevono una indennità stabilita dalla legge"*. L'indennità parlamentare nasce come garanzia per i cittadini con minore disponibilità economica di poter esercitare le proprie funzioni parlamentari in piena autonomia economica, così da scongiurare distorsioni dovute a necessità personali.

## 2. IL PROCEDIMENTO DI FORMAZIONE DELLE LEGGI

Le due Camere esercitano la funzione legislativa collettivamente (art.70), secondo un preciso procedimento necessario alla formazione di una legge (c.d. iter legis). Sono dunque necessari diversi passaggi.

Il primo di questi è quello dell'**iniziativa**. Il procedimento può dunque partire, secondo quanto disposto dall'art.71: da ciascun membro delle Camere; dal Governo; da organi ed enti ai quali sia conferito da una legge costituzionale; l'iniziativa delle leggi; dal popolo, *"mediante la proposta, da parte di almeno cinquantamila elettori, di un progetto redatto in articoli"*.

L'art.72 disciplina, poi, il secondo passaggio, ovvero quello dell'**approvazione**. Infatti, una volta che il disegno di legge è stato presentato a una delle due Camere, viene *"esaminato da una Commissione"*. Al termine dell'esame in Commissione può procedere alla deliberazione anche la Camera, prima con approvazione articolo per articolo, poi con votazione finale. Sono, in ogni caso, previsti procedimenti abbreviati per disegni di legge dichiarati urgenti dal Regolamento della Camera in esame. In taluni casi è prevista anche la possibilità di approvazione finale della legge all'interno della Commissione parlamentare deputata all'esame della legge, sempre che non si oppongano il Governo, un decimo dei componenti della Camera oppure un quinto della

Commissione. È invece sempre obbligatoria l'approvazione diretta della Camera per alcuni disegni di legge, ovvero quelli: in materia costituzionale ed elettorale; di delegazione legislativa, di autorizzazione a ratificare trattati internazionali, di approvazione di bilanci e consuntivi.

Si passa poi alla fase della **promulgazione.** Una volta approvata da entrambi i rami del Parlamento, l'art.73 stabilisce che il Presidente della Repubblica procede a promulgare la legge, "*entro un mese dall'approvazione*".

Infine, subito dopo la promulgazione, avviene la **pubblicazione** della legge, la quale entra in vigore il quindicesimo giorno successivo alla sua pubblicazione, sempre che la legge stessa non preveda un termine diverso.

Prima che però tutte le fasi, cioè iniziativa, approvazione, promulgazione e pubblicazione, possano completarsi è necessario che entrambe le Camere approvino lo stesso identico testo. Anche nel caso di una modifica minima di una delle due Camere, il testo torna all'altra Camera per ulteriore approvazione. Anche il Presidente della Repubblica può richiedere "*una nuova deliberazione*" prima di promulgare la legge, secondo quanto disposto dall'art.74. Tale potere di rinvio deve essere però accompagnato da un messaggio motivato. Le Camere possono sia accettare che rifiutare le richieste del Presidente della Repubblica: se la legge viene approvata anche una seconda volta dalle Camere, deve essere promulgata dal Presidente della Repubblica.

## 3. I REFERENDUM POPOLARI

L'art.75 disciplina le modalità di svolgimento dei referendum popolari, che possono essere di fondamentale importanza per la partecipazione dei cittadini alla vita pubblica. A poter indire un referendum popolare sono cinquecentomila elettori o cinque Consigli regionali. Grazie a tale istituto è possibile abrogare, in tutto o in parte, una legge o un atto equiparato ad essa. Una volta indetto il referendum viene stabilita una data per la votazione, a cui sono chiamato a votare tutti i cittadini. Perchè la votazione sia valida devono votare la maggior parte dei cittadini che hanno diritto a votare. Affinché venga approvata la modifica è necessario che tra tutti i votanti la maggioranza di essi abbia espresso parere positivo.

## 4. ALTRI COMPITI DEL PARLAMENTO

La Costituzione assegna al Parlamento il dovere di esprimersi alcuni tipi particolari di atti. L'art.78 stabilisce che le Camere, nel deliberare lo stato di guerra, conferiscono al Governo i poteri necessari; l'art.79 dispone che le Camere concedono l'amnistia e l'indulto, con legge deliberata a maggioranza dei due terzi dei componenti di Ciascuna Camera; l'art.80 stabilisce che "*le Camere autorizzano con legge la ratifica dei trattati internazionali*". A norma dell'art.81, poi, spetta alle Camere approvare ogni anno con legge il bilancio e il rendiconto consuntivo presentati dal Governo. È previsto dalla Costituzione un sostanziale obbligo da parte delle Camere, nel valutare il bilancio economico dello Stato, di far rispettare l'equilibrio tra entrate e spese (c.d. pareggio di bilancio), "*tenendo conto delle fasi avverse e delle fasi favorevoli del ciclo economico*". L'indebitamento è possibile solo al fine di considerare gli effetti del ciclo economico e in caso di eventi eccezionali. È necessaria in ogni caso l'autorizzazione delle Camere con maggioranza assoluta. L'art.82 dispone che "*ciascuna Camera può disporre inchieste su materie di pubblico interesse*", mediante specifiche commissioni. Tali Commissioni d'inchiesta procedono con i medesimi poteri e limitazioni dell'autorità giudiziaria.

# CAPITOLO 5:
# IL POTERE ESECUTIVO

# 5. IL POTERE ESECUTIVO

Per governo si intende quel soggetto istituzionale che detiene il potere politico in uno Stato, in maniera indipendente e gerarchicamente sovraordinata rispetto agli altri poteri dello Stato. Infatti negli stati assolutistici il governo rappresenta il vertice dello Stato stesso. Nelle forme repubblicane invece il governo è titolare del potere esecutivo, assumendo varie forme e prerogative a seconda dei contesti politico-istituzionali. Il potere esecutivo si riferisce all'esercizio di far applicare in concreto le leggi e le sue pubbliche finalità, elaborate però dal Parlamento. Infatti dalla forma di governo dipende il bilanciamento tra potere legislativo ed esecutivo. In alcuni sistemi presidenziali, come ad esempio negli Stati Uniti d'America, il potere esecutivo svolge pienamente funzioni normative, mentre in altri tipi di sistemi, come ad esempio in Italia, può solo procedere con l'emanazione di decreti legge o decreti legislativi che, tuttavia, vengono posti in essere in situazioni particolari e devono comunque essere sottoposti all'attenzione del Parlamento. In tale caso il potere esecutivo è in rapporto dialettico con il Parlamento e anche con il Presidente della Repubblica che esercita il potere di firma degli atti governativi.

## 1. IL GOVERNO DELLA REPUBBLICA

Il Governo della Repubblica è composto, a norma dell'art.92, da due organi monocratici, ovvero il Presidente del Consiglio dei Ministri e i singoli Ministri, e da un organo collegiale, ovvero il Consiglio dei Ministri. **Il Presidente del Consiglio dei Ministri** è nominato dal Presidente della Repubblica e "*dirige la politica generale del Governo*" (art.95), di cui ne è responsabile. Coordina l'attività dei Ministri e mantiene l'unità dell'indirizzo politico-amministrativo. Compone l'esecutivo e propone i suoi componenti al Presidente della Repubblica, il quale procede alla nomina formale degli stessi. Il Presidente del Consiglio dei Ministri e tutti i Ministri compongono dunque il **Consiglio dei Ministri**, ovvero l'esecutivo. Tra i compiti principali dell'esecutivo: determinare la politica generale del Governo; determinare la politica economica del Governo; prendere le fondamentali decisioni di politica estera; risolvere i conflitti di competenza tra i ministri; deliberare i disegni di legge da presentare alle Camere, i decreti legge, i decreti legislativi e i regolamenti governativi; far rispettare la legge e l'ordine, mediante la gestione delle forze armate; dirigere i servizi pubblici. Ciascun **Ministro** è a capo di un proprio dicastero ed è responsabile degli atti prodotti all'interno dello stesso. Tra i ministeri esistenti vi sono: il Ministero dell'Interno, il Ministero degli affari esteri e della cooperazione internazionale, il Ministero della Giustizia, il Ministero della Salute, il Ministero dell'Economia e delle Finanze, il Ministero della Difesa, il Ministero dello Sviluppo Economico, il Ministero delle infrastrutture e dei trasporti, il Ministero dell'Istruzione, dell'università e della ricerca, il Ministero del lavoro e delle politiche sociali, il Ministero dell'ambiente e della tutela del territorio e del mare; il Ministero delle politiche alimentari e forestali, il Ministero delle infrastrutture e dei trasporti, il Ministero dei beni e delle attività culturali e del turismo. Oltre ai ministri con portafoglio esistono i **ministri senza portafoglio**, che non dispongono invece di un proprio dicastero, ma svolgono particolari incarichi e possono dirigere dipartimenti in seno alla Presidenza del Consiglio dei ministri. Fanno ugualmente parte dell'esecutivo i **sottosegretari** che, pur non prendendo di norma parte al Consiglio dei Ministri, collaborano alla produzione di atti che rientrano sotto la responsabilità del ministro a capo del medesimo Ministero. Il loro compito è quindi quello di coadiuvare il ministro a cui fanno capo nelle funzioni che quest'ultimo delega loro. Sia Presidente del Consiglio dei Ministri che Ministri *"sono sottoposti, per i reati commessi nell'esercizio delle loro funzioni, alla giurisdizione ordinaria, previa autorizzazione"* (art.96) di una delle Camere, secondo le norme stabilite con legge costituzionale. *"Il Presidente del Consiglio dei Ministri, prima di assumere le funzioni, prestano giuramento nelle mani del Presidente della Repubblica"* (art.93). Entro dieci giorni dalla sua formazione, il Governo *"si presenta alle Camere per ottenerne la fiducia"* (art.94): il Governo è infatti legato al Parlamento da un rapporto fiduciario e affinché siano effettive le sue funzioni deve ottenere la fiducia di entrambe le Camere. È possibile tuttavia revocare la fiducia mediante la presentazione di una mozione di sfiducia che sia firmata da minimo un decimo dei componenti della Camera e votata a maggioranza assoluta.

## 1.1 GLI ATTI NORMATIVI DEL GOVERNO

Gli artt.76-77 disciplinano alcuni tipi particolari di atti, detti atti equiparati oppure atti aventi forza di legge. Si tratta di decreto legge e decreto legislativo.

Il **decreto legislativo** è un atto con cui le Camere delegano il Governo a disciplinare una determinata materia, solitamente in quanto trattasi di questioni di natura tecnica per cui si ritiene che il Governo abbia le competenze e le strutture necessarie per disciplinarle. Visto che però *"l'esercizio della funzione legislativa non può essere delegato"* (art.76), tale delega può avvenire solo se il Parlamento stabilisce i principi e i criteri direttivi che il Governo deve seguire nel procedere alla redazione dell'atto, che in ogni caso sono valdi "*soltanto per tempo limitato e per oggetti definiti*" dall'atto di delega.

Il **decreto legge** è un provvedimento provvisorio con forza di legge con cui il Governo disciplina, in casi straordinari di necessità e urgenza, sotto la sua responsabilità, una determinata materia. Tale atto, per essere valido, deve essere presentato il giorno stesso alle Camere, le quali convertono il decreto in legge entro 60 giorni; se ciò non avviene "*i decreti perdono efficacia sin dall'inizio*" (art.77).

## 2. LA PUBBLICA AMMINISTRAZIONE

La Pubblica Amministrazione è organizzata secondo legge in vari uffici che assicurano il buon andamento della "macchina pubblica", in modo tale che vengano rispettati l'equilibrio dei bilanci economici e l'imparzialità dell'amministrazione nei suoi rapporti con i cittadini. Ciascun ufficio ha una propria sfera di competenza e le proprie attribuzioni. I funzionari hanno delle proprie responsabilità prestabilite in fase di ordinamento degli uffici e si può accedere agli impieghi nelle pubbliche amministrazioni mediante concorso pubblico, salvo i caso stabiliti dalla legge (art.97). "I *pubblici impiegati sono al servizio esclusivo della Nazione*" (art.98). Sulla stessa scia è possibile limitare con legge l'iscrizione a partiti politici, al fine di garantire la propria imparzialità, a magistrati, militari di carriera in servizio attivo, funzionari ed agenti di polizia, rappresentanti diplomatici e consolari all'estero (art.98).

## 3. GLI ORGANI AUSILIARI

Gli organi ausiliari hanno il compito di migliorare il funzionamento dei poteri legislativi o di amministrazione. Sono disciplinati dagli artt. 99 e 100. Si tratta del CNEL, della Corte dei Conti e del Consiglio di Stato in sede consultiva. Per questi ultimi due è assicurata dalla legge la loro indipendenza e quella dei loro componenti di fronte al Governo.

Il **CNEL** (Consiglio nazionale dell'Economia e del Lavoro) è *"organo di consulenza delle Camere e del Governo per le materie e secondo le funzioni che gli sono attribuite dalla legge"* (art.99). Ha competenze nei settori della politica economica e sociale. È composto da 122 componenti, tra cui esperti e rappresentanti delle varie categorie produttive e di lavoratori, oltre che alcuni membri nominati da Presidente della Repubblica (otto) e dal Governo (quattro). Il CNEL è anche titolare di iniziativa legislativa e risponde alle domande di Parlamento, Governo e Regioni su studi e indagini varie. Può infatti *"contribuire alla elaborazione della legislazione economica e sociale secondo i principi ed entro i limiti stabiliti dalla legge"* (art.99).

La **Corte dei Conti** è composta da 6 Sezioni: tre di controllo e tre giurisdizionali. Si occupa di *verificare la legittimità* di alcuni atti del Governo prima della loro presentazione (controllo preventivo), stabiliti dalla legge e non comprendenti atti aventi forza di legge e di *controllare la gestione del bilancio dello Stato* una volta pubblicato (controllo successivo); il controllo preventivo avviene con il *c.d. visto di legittimità*, il controllo successivo avviene mediante una referenza annuale a Parlamento e Consigli Regionali sul risultato del riscontro eseguito; la Corte dei Conti esercita anche funzioni consultive, esprimendo pareri obbligatori sulle leggi che importino modifiche alle sue attribuzioni e su norme che modifichino la legge di contabilità dello Stato; *"partecipa, nei casi e nelle forme stabilite dalla legge, al controllo sulla gestione finanziaria degli enti a cui lo Stato contribuisce in via ordinaria"*; ha inoltre giurisdizione, tra le altre materie previste dalla legge, nelle materie di contabilità pubblica.

Il **Consiglio di Stato** è composto da 7 sezioni: 3 giurisdizionali e 4 consultive. È possibile anche che si riuniscano tutti i Consiglieri di Stato (Adunanza generale). È dunque un *"organo di consulenza giuridico-amministrativa e di tutela della giustizia nell'amministrazione"* (art.100). Il Governo può quindi incaricare il Consiglio di Stato ad esprimere un suo parere su proposte di legge e l'incarico può anche riguardare la redazione di progetti di legge e di regolamento. I pareri forniti dal Consiglio di Stato possono anche essere vincolanti per il Governo quando è la legge a prevederlo. Quando invece non è previsto il Governo (o un'altra pubblica amministrazione) può richiedere un parere facoltativo senza che ciò implichi un obbligo di attenersi al parere. In taluni casi previsti dalla legge i pareri sono obbligatori.

# CAPITOLO 6:
# IL POTERE GIUDIZIARIO

# 6. IL POTERE GIUDIZIARIO

L'ordinamento giurisdizionale e le norme sulla giurisdizione sono disciplinati dal Titolo III della Parte II della Costituzione, ovvero dagli articoli che vanno dal 101 al 113. Il **potere giudiziario** è dunque esercitato dalla **Magistratura**, ovvero il complesso degli organi che esercitano la funzione giurisdizionale. Il potere giudiziario garantisce l'osservanza e la conservazione delle norme. A tal proposito *"l'autorità giudiziaria dispone direttamente della polizia giudiziaria"* (art.109). Per **giurisdizione** s'intende: in senso oggettivo, l'applicazione delle norme giuridiche generali e astratte ai casi particolari e concreti, per risolvere le controversie in posizione di terzietà, cioè di indipendenza rispetto alle parti e di indifferenza riguardo all'esito della controversia (**funzione giurisdizionale**); in senso soggettivo, l'insieme degli organi che esercitano la funzione giurisdizionale, cioè i giudici; la sfera di competenza di un giudice. L'applicazione della legge al caso concreto e particolare segue al giudizio di un Magistrato che emette una **sentenza**, ovvero il provvedimento giurisdizionale con cui il giudice decide sulla controversia che gli è stata sottoposta, risolvendo le questioni proposte dalle parti. Nella sentenza devono essere contenuti sia il **dispositivo**, che contiene la decisione del giudice, sia la **motivazione**, in cui il giudice espone la ricostruzione dei fatti e il ragionamento logico-giuridico che giustifica la decisione. L'obbligo di motivazione è previsto dall'art.111 che afferma che *"tutti i provvedimenti giurisdizionali devono essere motivati"*. L'obbligo di motivazione è previsto a garanzia dei cittadini nei confronti del potere giudiziario e di una buona amministrazione della Giustizia: infatti *"la giustizia è amministrata in nome del popolo"* (art.101).

# 1. LA GIURISDIZIONE

La Costituzione stabilisce in maniera chiara e netta la distinzione tra giurisdizione ordinaria e giurisdizione speciale, stabilendo quali sono i giudici competenti ad esprimersi nei vari casi previsti.

*"La funzione giurisdizionale è esercitata da magistrati ordinari istituiti e regolati dalle norme sull'ordinamento giudiziario"* (art.102). Non possono essere istituiti giudici straordinari o giudici speciali. È possibile però istituire *"sezioni specializzate per determinate materie"*, *"presso gli organi giudiziari ordinari"* (art.102). Vanno dunque distinti i giudici speciali dai giudici specializzati, che fanno invece parte della giurisdizione ordinaria, ai quali sono devolute cause relative a determinate materie (ad esempio la famiglia, i minorenni ecc…).

## 1.1 LA GIURISDIZIONE SPECIALE

Per quanto concerne la giurisdizione speciale, l'art.103 prevede che: il **Consiglio di Stato** e gli altri organi di giustizia amministrativa abbiano *"giurisdizione per la tutela nei confronti della pubblica amministrazione degli interessi legittimi e, in particolari materie indicate dalla legge, anche dei diritti soggettivi"*; la **Corte dei conti** abbia *"giurisdizione nelle materie di contabilità pubblica e nelle altre specificate dalla legge"*; i **tribunali militari** abbiano in tempo di guerra la giurisdizione stabilita dalla legge e in tempo di pace la giurisdizione solo per i reati militari commetti dalle Forze armate.

## 1.2 LA GIURISDIZIONE ORDINARIA

La giurisdizione civile e penale è demandata ai giudici ordinari, salvo le materie devolute ai giudici speciali: la **giurisdizione civile** si occupa di risolvere le controversie riguardanti rapporti tra privati relative a violazioni di un diritto soggettivo, ovvero a cui l'ordinamento giuridico riconosce una tutela diretta, nell'ambito del diritto privato. Una delle due parti può essere anche la pubblica amministrazione e il processo civile è avviato da un'azione privata; la **giurisdizione penale** riguarda una controversia tra stato e uno o più soggetti relativa alla commissione di un reato, ovvero un fatto giuridico umano vietato dall'ordinamento giuridico di uno Stato, cui è ricollegata una sanzione penale. Si tratta dunque di risolvere controversie concernenti la responsabilità di un soggetto per un reato e la sua eventuale sottoposizione a una pena. Il processo penale è solitamente avviato dall'azione di un organo pubblico, il pubblico ministero.

## 1.3 LA GIUSTIZIA AMMINISTRATIVA

La **giurisdizione amministrativa** è demandata a giudici speciali che sono i giudici amministrativi, che risolvono controversie concernenti rapporti in cui una delle parti in causa è la pubblica amministrazione per la richiesta di un privato di annullamento di un atto ritenuto illegittimo o di risarcimento di un danno, in relazione a una supposta violazione di un interesse legittimo. A prescindere dalla presenza o meno della Pubblica Amministrazione o meno a fare la differenza su quale tipo di giurisdizione debba intervenire nel corso di una controversia (ordinaria o amministrativa) è la natura della situazione giuridica soggettiva lega: nel caso di violazione di un *diritto soggettivo* interviene la giurisdizione ordinaria; viceversa quando si tratti di violazione di un *interesse legittimo* sussiste la giurisdizione amministrativa. Per interesse legittimo si intende quell'interesse del soggetto che sopraggiunge nel momento in cui la pubblica amministrazione esercita un proprio potere attribuitole dalla legge: il soggetto sopravanza in tal caso la pretesa che il potere venga esercitato in conformità alla legge. Le controversie promosse dai privati contro soggetti impositori di prestazioni tributarie sono poi devolute a giudici speciali, ovvero i giudici tributari: la giurisdizione tributaria può essere considerata una forma speciale di giurisdizione amministrativa. Lo stesso vale per la giurisdizione contabile, che spetta alla Corte dei Conti: il giudice contabile giudica la regolarità dei conti pubblici, unendo funzioni giurisdizionali e funzioni amministrative di controllo

# 2. INDIPENDENZA E AUTONOMIA: IL CONSIGLIO SUPERIORE DELLA MAGISTRATURA (CSM)

Requisito fondamentale della magistratura è l'indipendenza dagli altri poteri, così che sia assicurata l'imparzialità nel giudizio e siano evitati possibili condizionamenti esterni. L'art.101, infatti, stabilisce che "i *giudici sono soggetti soltanto alla legge*". La magistratura costituisce dunque "*un ordine autonomo e indipendente da ogni altro potere*" (art.104) e al fine di assicurare ciò è previsto il **Consiglio Superiore della Magistratura** (CSM). Si tratta di *organo di autogoverno della magistratura* che ha lo scopo di garantire l'autonomia e l'indipendenza della magistratura dagli altri poteri dello Stato, secondo il principio di separazione dei poteri. È presieduto dal Presidente della Repubblica e la Costituzione, all'art.104, non si esprime sul numero preciso dei componenti ma si limita a stabilire le quote di ripartizione: 2/3 dei componenti sono eletti da tutti i magistrati ordinari (tra gli appartenenti alle varie categorie) e 1/3 è eletto dal Parlamento in seduta comune (tra professori ordinari di università in materie giuridiche ed avvocati dopo quindici anni di esercizio). I consiglieri rimangono in carica per 4 anni e non sono immediatamente rieleggibili. Mentre sono in carica non possono essere iscritti in albi professionali o far parte di Parlamento o un Consiglio regionale. Tra i membri di diritto vi sono il primo presidente e il procuratore generale della Corte suprema di cassazione. Il vicepresidente è eletto dal Consiglio tra i componenti designati dal Parlamento. La vicepresidenza e la presenza dei membri laici, così detti in quanto non appartenenti all'ordine giudiziario, vogliono impedire che l'autonomia e l'indipendenza della magistratura dagli altri poteri portino ad una eccessiva autoreferenzialità, pur garantendo la maggioranza dei membri in modo tale da assicurarle. Le **funzioni** del CSM vengono enunciate dall'art.105, nello stabilire che ad esso spettano, *"secondo le norme dell'ordinamento giudiziario, le assunzioni, le assegnazioni ed i trasferimenti, le promozioni e i provvedimenti disciplinari nei riguardi dei magistrati"*.

## 2.1 IL MAGISTRATO

Per accedere alla nomina di magistrato è necessario sostenere un concorso. La legge può *"ammettere la nomina, anche elettiva, di magistrati onorari per tutte le funzioni attribuite a giudici singoli"*. Il CSM può, per meriti insigni, chiamare all'ufficio di consiglieri di cassazione, professori ordinari di università in materie giuridiche e avvocati con oltre quindici anni d'esercizio e iscritti negli albi speciali per le giurisdizioni superiori (art.106). In ogni caso *"i magistrati si distinguono fra loro soltanto per diversità di funzioni"* (art.107). L'art.107 stabilisce inoltre che *"i magistrati sono inamovibili"*, nel senso che non possono essere sospesi o trasferiti se non per decisione del CSM, con il loro consenso o per motivi e garanzie di difesa stabilite dall'ordinamento giudiziario. L'inamovibilità dei magistrati garantisce concretamente la loro indipendenza: in tal modo il giudice non può subire pressioni e condizionamenti di altri poteri o dei suoi superiori, in quanto il suo ruolo non può essere alterato.

## 2.2 IL MINISTRO DELLA GIUSTIZIA

L'art.110 dispone che, ferme le competenze del CSM, *"spettano al Ministro della giustizia l'organizzazione e il funzionamento dei servizi relativi alla giustizia"*. È dunque a capo del ministero del governo preposto all'amministrazione dell'organizzazione giudiziaria e dell'organizzazione penitenziaria. Il ruolo va considerato in rapporto a quello del CSM, configurandosi una relazione tra potere politico e potere giudiziario. I costituenti hanno (con gli artt. 105 e 110) delimitato gli ambiti di operatività dei due organi, così da eliminare la dipendenza del potere giudiziario dall'esecutivo. In ogni caso è evidenziato un collegamento tra politica e magistratura, al fine di evitare che la magistratura sia nettamente separati dagli altri poteri. Al CSM spettano dunque tutte le attribuzioni sullo status dei magistrati, mentre al Ministro compete la cura dei servizi relativi alla giustizia. Lo si desume anche dall'art.110 con la precisazione *"ferme le competenze del Consiglio superiore della magistratura"*, affermazione dalla quale è possibile evincere una lettura estensiva delle funzioni del CSM che cura, in generale, la posizione di autonomia e indipendenza della magistratura. In base a ciò il Ministro non può incidere direttamente o indirettamente sullo status dei magistrati, a garanzia dell'indipendenza della magistratura dalla politica, rappresentata dal Ministro[1]. Il Ministro della giustizia è l'unico tra i Ministri ad essere citato direttamente dalla Costituzione, la quale prevede per lo stesso due funzioni fondamentali: l'organizzazione dei servizi e la titolarità dell'azione disciplinare nei confronti dei magistrati. Si occupa quindi di: organizzare i servizi della giustizia, come tribunali, corti, cancellerie ecc.; sovraintendere ai penitenziari di Stato, gestendo le carceri tramite la Polizia Penitenziaria e manutenendo/costruendo le strutture carcerarie; gestire gli archivi notarili, vigilare sugli ordini e collegi professionali (avvocati, notai ecc.); amministrare il casellario giudiziale

---

1 http://www.rivistaaic.it/il-rapporto-tra-consiglio-superiore-della-magistratura-e-ministro-della-giustizia-modello-costituzionale-prassi-applicativa-e-riforme-legislative.html

(banca dati con tutte le condanne subite); istituire le domande di grazia da proporre al Presidente della Repubblica; sovraintendere alle modifiche dei codici civile, penale, di procedura civile e penale.

## 2.3 IL PUBBLICO MINISTERO

Il **pubblico ministero** (PM) è un organo dell'amministrazione giudiziaria dello Stato, articolato in uffici che prendono il nome di Procure della Repubblica, deputato a garantire il rispetto della legge e operando quindi per il pubblico interesse e in attuazione della legge. Vigila sull'osservanza delle leggi e sulla regolare amministrazione della giustizia; promuove la repressione dei reati e l'applicazione delle misure di sicurezza; fa eseguire i giudicati e gli altri provvedimenti del giudice. L'art.112 stabilisce l'obbligo del PM di esercitare l'azione penale. In virtù di ciò gode di garanzie che vengono stabilite nei suoi riguardi dalle norme sull'ordinamento giudiziario (art.107). Il PM ha dunque competenza in materia penale, civile e amministrativa; tuttavia le funzioni in materia penale sono preminenti, considerando che al PM è attribuito l'esercizio dell'azione penale e l'esecuzione dei provvedimenti passati in giudicato. In tal senso trova le prove d'accusa nei confronti di chi commette reati in violazione delle leggi ed esercita, a tal proposito, l'azione penale che condurrà poi al processo. In tribunale il PM sarà dunque controparte dell'imputato e presenterà le prove d'accusa raccolte. Ha dunque una natura di raccordo tra gli organi giudiziari e le parti. Parimente il PM è investito della tutela del pubblico interesse e per questo ha un interesse di giustizia non dissimile da quello cui mira il giudice. Viene per questo definito come organo della magistratura ordinaria, con le medesime prerogative dei magistrati giudicati previste dall'art.107, anche se con minori garanzie di indipendenza, essendo i suoi uffici strutturati gerarchicamente. Il PM è dunque organo della ***magistratura inquirente***, che è deputata a promuovere e stimolare l'attività della magistratura giudicante. Gli sono estese le norme sulla responsabilità dei giudici e sulla loro astensione obbligatoria, ma non è soggetto a ricusazione dalle parti.

## 3. IL GIUSTO PROCESSO

La Costituzione garantisce, nell'ambito del processo penale, un giusto processo che sia regolato dalla legge. A tal proposito *"ogni processo si svolge nel contraddittorio tra le parti, in condizioni di parità, davanti a un giudice terzo e imparziale. La legge ne assicura la ragionevole durata"* (art. 111). Le **condizioni di parità** si esplicano nella parità tra accusa e difesa di ricerca e formazione delle prove, in ogni stato e grado del procedimento. Connesso a ciò è il **principio del contraddittorio** nella formazione della prova, in quanto il giudice nel sistema accusatorio decide sulla base di prove fornite dalle parti in contrapposizione fra loro, con il loro diritto ad ottenere l'ammissione e la valutazione delle prove giudicate rilevanti. *"La colpevolezza dell'imputato non può essere provata sulla base di dichiarazioni rese da chi, per libera scelta, si è sempre volontariamente sottratto all'interrogatorio da parte dell'imputato o del suo difensore"* (art.111) In ogni caso la legge regola i casi in cui *"la formazione della prova non ha luogo in contraddittorio per consenso dell'imputato o per accertata impossibilità di natura oggettiva o per effetto di provata condotta"* (art.111). Per **terzietà ed imparzialità** si intende la neutralità del giudice che deve agire scevro da pregiudizi e preconcetti, garantendo così la correttezza del giudizio. Affinché il giudice sia tale è necessario rimuovere le cause che possono vulnerare l'imparzialità: sono previste ipotesi di incompatibilità e istituti appositi. La **ragionevole durata** è assicurata dalla legge: si intende che una persona accusata di un reato sia, in un tempo che sia il più breve possibile: *"informata riservatamente della natura e dei motivi dell'accusa elevata a suo carico; disponga del tempo e delle condizioni necessari per preparare la sua difesa; abbia la facoltà, davanti al giudice, di interrogare o di far interrogare le persone che rendono dichiarazioni a suo carico, di ottenere la convocazione e l'interrogatorio di persone a sua difesa nelle stesse condizioni dell'accusa e l'acquisizione di ogni altro mezzo di prova a suo favore; sia assistita da un interprete se non comprende o non parla la lingua impiegata nel processo"* (art.111). L'importanza di tale norma risiede nell'importanza di rendere giustizia senza ritardi così da evitare che una persona accusata resti troppo a lungo nell'incertezza, mettendo così a rischio la propria posizione familiare, sociale ed economica. Tale importanza si ritrova anche nella Convenzione europea per la salvaguardia dei diritti dell'uomo e delle libertà fondamentali, in cui è sancito che ogni persona ha diritto ad un'equa e pubblica udienza entro un termine ragionevole.

# CAPITOLO 7:
# IL PRESIDENTE DELLA REPUBBLICA

# 7. IL PRESIDENTE DELLA REPUBBLICA

Il **Presidente della Repubblica** è il capo dello Stato e Rappresenta l'unità nazionale. A tal proposito, per come delineato dall'art.87, ha rapporti costituzionalmente previsti con tutti gli altri poteri. Per quando concerne i rapporti con il Parlamento: può sciogliere le Camere (tranne che negli ultimi sei mesi del suo mandato, salvo che essi coincidano in tutto o in parte con gli ultimi sei mesi della legislatura); indice le elezioni; fissa la prima riunione delle Camere dopo le elezioni; può inviare messaggi alle Camere; Promulga le leggi; Ratifica i trattati internazionali, previa, quando occorra, l'autorizzazione delle Camere; dichiara lo stato di guerra deliberato dalle Camere. Per quanto riguarda i rapporti con l'esecutivo: autorizza la presentazione alle Camere dei disegni di legge di iniziativa del Governo; emana i decreti aventi valore di legge. Per quanto concerne i rapporti con il potere giudiziario: può concedere grazia e commutare le pene; Presiede il Consiglio superiore della magistratura. Tra gli altri poteri: indice il referendum popolare nei casi previsti dalla Costituzione; nomina, nei casi indicati dalla legge, i funzionari dello Stato; Accredita e riceve i rappresentanti diplomatici; ha il comando delle Forze armate; presiede il Consiglio supremo di difesa costituito secondo la legge; conferisce le onorificenze della Repubblica. L'art.90 stabilisce inoltre che Il Presidente della Repubblica *"non è responsabile degli atti compiuti nell'esercizio delle sue funzioni, tranne che per alto tradimento o per attentato alla Costituzione"*: nei casi di alto tradimento o attentato alla Costituzione il Parlamento, in seduta comune e a maggioranza assoluta, può metterlo in stato d'accusa.

# 1. ELEZIONE E GIURAMENTO

È eleggibile a Presidente della Repubblica ogni cittadino che abbia compiuto cinquant'anni. L'elezione avviene dinnanzi al Parlamento riunito in seduta comune, a cui partecipano anche diversi delegati dei Consigli regionali (per come disposto dall'art.83). L'elezione ha luogo per scrutinio segreto a maggioranza di 2/3 dell'assemblea. Dopo il terzo scrutinio è sufficiente la maggioranza assoluta. *"Il Presidente della Repubblica rimane in carica per sette anni"* (art.85) e trenta giorni prima della scadenza del termine il Presidente della Camera dei deputati convoca le nuove elezioni. Nel caso in cui le Camere siano sciolte (o manchino meno di tre mesi alla loro cessazione), l'elezione avviene entro quindici giorni dalla riunione delle nuove Camere e vengono prorogati i poteri del Presidente in carica. *"Il Presidente della Repubblica, prima di assumere le sue funzioni, presta giuramento di fedeltà alla Repubblica e di osservanza della Costituzione dinanzi al Parlamento in seduta comune"* (art.91). *"L'ufficio di Presidente della Repubblica è incompatibile con qualsiasi altra carica"* (art.84). Nel caso in cui il Presidente della Repubblica non possa adempiere alle proprie funzioni, esse sono esercitate dal Presidente del Senato (art.86), che per tale motivo è considerato la seconda carica dello stato.

# 2. GLI ATTI DEL PRESIDENTE DELLA REPUBBLICA

Per quanto concerne gli atti del Presidente della Repubblica la dottrina ha individuato tre tipologie:

Gli **atti formalmente e sostanzialmente presidenziali** sono gli atti di prerogativa esclusiva del Presidente della Repubblica. Anche se presente la controfirma di un membro del Governo ciò non incide sulla prerogativa presidenziale dell'atto.

Tra gli atti di questo tipo rientrano: la concessione della grazia; l'eventuale rinvio alle Camere delle leggi dopo la prima approvazione; i messaggi al Parlamento; la nomina dei senatori a vita; la nomina del giudici della Corte costituzionale.

Gli **atti formalmente presidenziali e sostanzialmente governativi** sono atti che sono emanati dal Presidente ma ricadono sotto la podestà del Governo. Un esempio di questo tipo di atto la data di svolgimento dei referendum abrogativi in quanto, anche se emanato dal Presidente, fissa un giorno comunque deliberato dal Consiglio dei Ministri.

Gli **atti formalmente presidenziali e sostanzialmente complessi** sono atti in cui concorrono la volontà del Governo e quella del Presidente della Repubblica. Tra questo tipo di atti vi sono sia la nomina del Presidente del Consiglio che lo scioglimento delle Camere.

# CAPITOLO 8: LE AUTONOMIE LOCALI

# 8. LE AUTONOMIE LOCALI

Il Titolo V della Parte II si occupa di disciplinare l'ordinamento delle Regioni, delle Province e dei Comuni. Comprende gli articoli che vanno dal 114 al 133 ed è stato diverse volte oggetto di critiche e discussioni, parlamentari e non. Nel 2001 la legge costituzionale n.3 ne ha stravolto il contenuto previsto dai costituenti del 1948 e, anche a seguito della riforma, ci sono stati ulteriori tentativi di modifica non andati a buon fine. La difficoltà nel disciplinare tali aspetti concerne l'antico dibattito tra l'accentramento o il decentramento, nella gestione della cosa pubblica. Maggiore forza dello stato centrale o piena autonomia agli enti locali?

## 1. ACCENTRAMENTO O DECENTRAMENTO?

Il dibattito riguardante la scelta tra accentramento statale delle funzioni pubbliche e la massima forma di autonomia politica regionale, ovverosia il federalismo, va avanti sin da prima dell'unità d'Italia e rimane ancora oggi in auge, nonostante le varie riforme e i vari dibattiti avvenuti nel corso del temo. L'idea di Stato accentrato è proseguita, via via crescendo, dall'unità d'Italia sino al ventennio fascista, vista l'esigenza di unire e uniformare. Con la caduta del regime, che accentrava per definizione tutti i poteri nelle proprie mani, si è rafforzata l'idea di ulteriori livelli di Governo in cui articolare il potere statale: la Costituzione ha affermato una soluzione intermedia che privilegiò comunque una maggiore autonomia agli enti locali rispetto al passato. A partire da quel momento il dibattito è andato avanti affermando l'esigenza di una maggiore autonomia regionale, che ha trovato la sua realizzazione costituzionale con la riforma del Titolo V avvenuta nel 2001, il quale ha affermato una tesi che in fase costituente era stata minoritaria: la Regione è un ente di governo con potestà legislativa, in concorrenza con lo Stato e diversamente dalla Provincia, che è invece solo un livello amministrativo. Vennero dunque riconosciute alle Regioni svariate forme di autonomia a livello costituzionale. Da quel momento in poi sono stati diversi (ben tre) i tentativi di tornare a un maggior accentramento, che tuttavia non sono andati a buon fine.

## 2. IL TITOLO V DEL 1948 E LA REGIONALIZZAZIONE

La Costituzione del 1948 ha attuato il principio del pluralismo istituzionale, prefigurando una distribuzione territoriale del potere politico più ampia della precedente. La soluzione fu comunque intermedia tra accentramento e decentramento. Il primo è riscontrabile nell'unità e indivisibilità della Repubblica, il secondo nel riconoscimento e la promozione delle autonomie locali, anche se l'autonomia legislativa regionale era relativa a materie considerate di scarso peso[2]. Così la Regione divenne un ulteriore livello di Governo in cui articolare il potere statale anche se i controlli da parte statale (ricorso preventivo di costituzionalità, controllo di legittimità sugli atti amministrativi delle Regioni, controllo preventivo sulle leggi proposte in ambito regionale, anche nel giudizio di merito, prima di poter diventare legge ordinaria) garantivano la prevalenza delle scelte politiche centrali su quelle locali[3]. L'obiettivo dei costituenti era quello di mantenere unite le diversità regionali per portare alla regionalizzazione dello Stato, che fu un compito arduo. Per questo furono pensate le *Regioni ad autonomia speciale* (Sicilia,

2 Alessandro Mazzitelli, *La Potestà Legislativa delle Regioni*, pag.34 in *Diritto Regionale*, Silvio Gambino, Giuffrè editore, Milano 2009
3 ibidem

Sardegna, Trentino-Alto Adige, Friuli-Venezia Giulia, Valle d'Aosta) che godevano di una autonomia maggiore rispetto alle regioni ordinarie, soprattutto in fase legislativa. Le Regioni ordinarie erano invece titolari di funzioni legislative in poche e predeterminate materie *"nel limite dei principi fondamentali stabiliti dalle leggi dello Stato"*, peraltro considerate di scarso peso, espressamente elencate nell'ex art. 117. Per attuare realmente i principi enunciati nell'art.5 si è dovuti attendere il 1970, in cui si diede attuazione all'ente Regione. Fino ad allora furono attuate solo le Regioni a statuto speciale così da non far crollare gli equilibri politici derivanti dalle proprie peculiarità. Le regioni ordinarie non vennero subito attuate per motivi politici: in alcune regioni si avvertiva il rischio di una vittoria delle forze all'epoca all'opposizione.

## 2.1 IL PERCORSO VERSO UNA MAGGIORE AUTONOMIA

Il bisogno di una maggiore autonomia regionale derivò da varie difficoltà interpretative che si riscontrarono nell'attuazione pratica del vecchio Titolo V che, da un lato accordò alle Regioni il ruolo di veri e propri enti di governo, in quanto dotate di autonomia politica da esercitare mediante leggi e atti generali di indirizzo; dall'altra, le avrebbero ridotte ad enti di amministrazione, sottoposti in ciascuno degli ambiti di competenza alle leggi e alle direttive dello Stato[4]. Il percorso verso una maggiore autonomia regionale venne intensificato a partire dall'istituzione delle Regioni in poi, ma furono diverse le difficoltà incontrate. Oltre al fatto che non si diede sostanziale seguito al decentramento previsto dalla Costituzione. Negli anni '80 emerse il carattere

4 Alessandro Mazzitelli, *La Potestà Legislativa delle Regioni*, pag.34 in *Diritto Regionale*, Silvio Gambino, Giuffrè editore, Milano 2009

derivato della finanza con uno Stato sempre più incidente nelle modalità di spesa regionali, enfatizzando il carattere concorrente del coordinamento della finanza pubblica, mentre in quello legislativo si assistette a interpretazioni della Corte costituzionale sempre più in favore dello Stato, non solo per la disciplina delle norme di principio, ma anche per la definizione delle norme nel dettaglio, riducendo l'effettiva autonomia delle regioni. Per discutere di tali problematiche vennero istituite specifiche commissioni parlamentari, con il compito di modificare la Costituzione e, in particolare, il Titolo V: le Bicamerali Bozzi, De Mita-Iotti, D'Alema. Tuttavia non vi fu la capacità politica di portare a termine una riforma organica, risolvendosi in un nulla di fatto.

## 2.2 LEGGI BASSANINI

L'esperienza delle Bicamerali, nonostante rimase un'opera incompiuta dal punto di vista prettamente giuridico[5], portò comunque ad alcuni risultati importanti per quanto concerne il sistema degli enti locali e l'intero Titolo V, influenzando fortemente il dibattito politico e giuridico di quegli anni. Tali esperienze presero forma nel 1997 con le leggi Bassanini[6], con cui il massimo decentramento era realizzabile attraverso legge ordinaria, senza tuttavia modificare il testo della Carta costituzionale. Il loro obiettivo fu quello di semplificare e rafforzare il rapporto tra cittadino e Pubbliche Amministrazioni, il che avvenne soprattutto con la formula secondo cui ogni funzione amministrativa che non sia esplicitamente di competenza dello Stato è attribuita in capo alle Regioni e agli altri enti locali. A tal proposito la legge

5 Nel senso che non portò a immediata produzione legislativa
6 Legge n.59 del 15 Marzo 1997 (Bassanini semel), Legge n.127 del 15 Maggio 1997 (Bassanini bis), Legge n.191 del 16 Giugno 1998 (Bassanini ter) e Legge n.50 dell'8 Marzo 1999 (Bassanini quater)

precisa gli ambiti di materie e compiti che, venendo esclusi dal conferimento verso gli enti locali, rimangono riservate allo Stato (legge n. 59/1997). Fatta eccezione per queste ultime viene introdotto dalla legge nell'ordinamento italiano il principio di sussidiarietà, in applicazione del quale agli enti locali vengono conferiti *'tutti i compiti amministrativi relativi alla cura degli interessi e alla promozione dello sviluppo delle rispettive comunità, nonché tutte le funzioni e i compiti amministrativi localizzabili nei rispettivi territori... esercitate da qualunque organo o amministrazione dello Stato, centrali o periferici, ovvero tramite enti o altri soggetti pubblici"* (l.59/1997). Affinché possa avvenire ciò, a norma della legge n. 59/1997, il Governo è delegato ad emanare decreti per conferire agli enti locali funzioni e compiti amministrativi, ai sensi degli artt. 5, 118 e 128 della Costituzione e nell'ambito dei principi e dei criteri direttivi stabiliti dalla stessa legge: sussidiarietà, completezza, cooperazione Stato-Enti locali, responsabilità ed unicità dell'amministrazione, omogeneità, adeguatezza, differenziazione nell'allocazione delle funzioni, copertura finanziaria e patrimoniale dei costi, autonomia organizzativa e regolamentare e responsabilità degli enti locali nell'esercizio delle funzioni e dei compiti amministrativi ad essi conferiti. In attuazione di ciò il D.L. 112 del 1998 trasferisce tali funzioni e compiti amministrativi, individuando anche le modalità di trasferimento di beni e risorse relative alle funzioni trasferite o conferite. Tale riforma ha dunque innovato totalmente la struttura amministrativa italiana, dopo un lungo processo che non aveva portato a risultati così tangibili. Ciò però non esentava la riforma dal rischio di essere incompatibile con interpretazioni restrittive del Titolo V che era ancora in vigore, soprattutto alla luce del fatto che poteva, non essendo una riforma costituzionale, essere facilmente modificata da una legge ordinaria. Pertanto rimaneva necessaria una riforma costituzionale.

## 3. LA RIFORMA DEL 2001

La svolta di rango costituzionale avvenne solo con la legge costituzionale n.3 del 2001, che diede una maggiore rilevanza anche a livello costituzionale a tutti gli enti locali. La Riforma diede piena attuazione all'art.5 della Costituzione che riconosce le autonomie locali quali enti esponenziali preesistenti alla formazione della Repubblica[7] e per tale motivo possono meglio soddisfare le *"esigenze dell'autonomia e del decentramento"* (art.5) relative alla popolazione di un determinato territorio. Alterò dunque la volontà maggioritaria dei costituenti in quanto, prevendo un doppio circuito per la produzione legislativa, diede una rilevanza costituzionale maggiore alle regioni le quali aumentavano le loro possibilità di legiferare. Si fece così avanti l'idea di alcuni costituenti che proposero la differenza sostanziale tra Regioni e Province basata sulla possibilità o meno di legiferare. Le altre novità consistettero principalmente nel riportare a livello costituzionale l'autonomia politica, amministrativa e finanziaria già raggiunte dalla legge ordinaria sul finire degli anni '90 e ordinate nel TUEL (*"Testo Unico delle leggi sull'ordinamento degli Enti Locali"*, risalente al 2000*).

## 3.1 IL NUOVO MODELLO DEGLI ENTI LOCALI

Il nuovo modello colloca tutti gli enti locali costitutivi della Repubblica su un piano di pari ordinazione, distinguendoli soprattutto secondo un criterio di competenza. Stato e Regione sono ora posti su un piano di pari legittimità anche dal punto di vista legislativo. Il tutto in un'ottica per la quale

7 http://www.treccani.it/

il pluralismo territoriale non è una mera formula di riparto del potere tra diversi livelli di governo ma è strettamente legato all'estrinsecarsi della forma democratica dello Stato e della sovranità popolare.[8] Per tale motivo ancora più innovativa è la maggiore autonomia e rilevanza costituzionale riconosciuta a Comuni, Province e Città metropolitane: i *Comuni* sono considerati enti territoriali di base che rappresentano e curano lo sviluppo della comunità locale e sono i principali destinatari delle funzioni amministrative[9], sulla base dell'*autonomia amministrativa* ad essi riconosciuta dall'art.118 C.I., comunque nei limiti delle proprie possibilità. Agli stessi è riconosciuta anche l'*autonomia statutaria*, come disciplinato dall'art.114 C.I., l'*autonomia organizzativa*, relativa alle funzioni che essi sono tenuti ad esercitare, l'*autonomia finanziaria* in entrata e in uscita, a norma dell'art.119, comunque soggetta a limiti consistenti nei vincoli dovuti al rispetto dell'equilibrio di bilancio secondo il principio di coordinamento della finanza pubblica e alla luce dei vincoli comunitari; le *Province* sono enti intermedi tra i Comuni e le Regioni e curano gli interessi delle comunità che rappresentano, anche coordinando e programmano le attività delle comunità locali che fanno parte del loro territorio. [10] Anch'esse godono delle medesime forme di autonomia dei Comuni; le *Città metropolitane* sono speciali tipi di enti locali che hanno dimensioni simili a quelle delle Province ma che hanno poteri molto simili a quelli comunali, soprattutto in ambito urbanistico, anche se notevolmente più ampi[11]. Attraverso la costituzione della

8 Cesare Mainardis, *Le fonti degli enti locali tra dottrina e giurisprudenza (a quasi un decennio dalla Riforma del Titolo V)* dal sito www.forumcostituzionale.it
9 http://www.treccani.it/
10 ibidem
11 ibidem

Città metropolitana, che è istituita su iniziativa del Comuni interessato, la città originaria cessa di esistere. Questo speciale tipo di ente locale fu previsto per la prima volta dalla legge n.142 del 1990 riguardante la riforma dell'ordinamento degli enti locali ma sua effettiva applicazione avvenne dopo diversi anni. Fu, infatti, la legge n.56/2014 (legge Delrio) recante *''Disposizioni sulle città metropolitane, sulle province, sulle unioni e fusioni di comuni''* a prevedere nelle regioni a statuto ordinario l'istituzione di 10 città metropolitane, che soppressero le province identificate col territorio delle stesse.

## 3.2 LE PRINCIPALI NOVITA' DEL NUOVO TITOLO V

Tra le novità del nuovo Titolo V sono da enumerare le seguenti:

Viene riconosciuta la *pari dignità* a tutti gli enti locali[12], non più semplicemente livelli di Governo sottordinati ma come enti costitutivi della Repubblica che cooperano in un'ottica unitaria, seppur ciascuno nell'ambito della propria autonomia e delle proprie funzioni, sulla base del principio di sussidiarietà.

Viene previsto un *doppio circuito* per la legislazione[13] per cui la potestà legislativa è sia statale che regionale, con pari legittimità. Le Regioni hanno una competenza legislativa di carattere generale e residuale, mentre lo Stato ha una competenza legislativa esclusiva nell'ambito delle materie che gli vengono attribuite da un'elencazione. Un altro elenco stabilisce, invece, le materie di legislazione concorrente Stato-Regione in cui la potestà legislativa è in capo alle Regioni, salvo che per la determinazione dei principi

12 Carlo Amirante (a cura di), *Diritto Pubblico*, pag.465-466
Giappichelli editore, Torino 2007
13 ibidem

fondamentali, riservata invece alla legge statale. Vengono dunque tenuti separati gli ambiti amministrativi e quelli legislativi[14]: le *funzioni amministrative* vengono affidate prioritariamente ai comuni sulla base del principio di sussidiarietà verticale, tenendo conto dei principi di adeguatezza e differenziazione. Tra le novità vi è, infatti, la costituzionalizzazione di tali principi, in particolare il principio di sussidiarietà che è il vero fulcro della Riforma, già inseriti nell'ordinamento dalle leggi Bassanini.

il *regionalismo differenziato*[15] che riconosce anche alle regioni a Statuto ordinario forme e condizioni particolari di autonomia negoziata, cioè basata su un'intesa tra Stato e Regione interessata, che deve essere approvata dalle Camere a maggioranza assoluta.

viene eliminato il precedente sistema dei controlli e subentra un forte *potere sostitutivo del Governo*[16] per cui, in caso di impossibilità o di inadempimento del livello di governo inferiore, sulla base dei principi di sussidiarietà e leale cooperazione, interviene il livello istituzionale superiore a tutela dei valori unitari.

## 3.3 LE NUOVE FORME DI AUTONOMIA

La vera rivoluzione della Riforma è consistita nel nuovo riparto delle competenze legislative e tale importanza è data dal fatto che, sin dall'approvazione della Costituzione italiana, gli studiosi sono stati concordi nel ritenere che la potestà legislativa regionale costituisse il fulcro dell'autonomia delle Regioni[17]. Mentre le Regioni a Statuto speciale godevano di una potestà legislativa ampia anche

14 ibidem
15 ibidem
16 ibidem
17 http://www.treccani.it/enciclopedia/potesta-legislativa-regionale/

prima della Riforma del 2001, quelle ordinarie potevano legiferare solo nelle materie espressamente indicate in Costituzione, ma solo dove spettava già allo Stato la potestà legislativa generale. Infatti nell'ex art.117 venivano individuate le materie per cui le regioni potevano emanare norme legislative *"nei limiti dei principi fondamentali stabiliti dalle leggi dello Stato"* ma solo se queste non fossero *"in contrasto con l'interesse nazionale e con quello di altre Regioni"*. In tal modo le Regioni erano sottoposte a forti limiti legislativi per cui, sostanzialmente, non godevano di una potestà legislativa indipendente dallo Stato. Con la Riforma l'art.117 sancisce che la potestà legislativa è sia di competenza dello Stato che della Regione con pari rilevanza costituzionale, delineando così l'equiparazione all'interno del sistema delle fonti tra legislazione statale e legislazione regionale[18], essendo entrambe sottoposte al limite del *"rispetto della Costituzione, nonché dei vincoli derivanti dall'ordinamento comunitario e dagli obblighi internazionali"* (art.117). La prima vera grande novità del novellato articolo, dunque, sono i vincoli comunitari e gli obblighi internazionali che vengono inseriti, per la prima volta con rilevanza costituzionale, all'interno del contesto legislativo, nel primo comma dell'art.117. Il comma successivo cambia le modalità di ripartizione delle competenze legislative tra Stato e Regione: vengono espressamente elencate le materie di competenza legislativa esclusiva dello Stato. Nel terzo comma, poi, vengono individuate, ancora una volta tramite una elencazione, le materie che sono di competenza legislativa concorrente Stato-Regione. Nel quarto comma emerge la vera novità in materia di potestà legislativa regionale, in quanto vengono

18 Alessandro Mazzitelli, *L'impatto della riforma sul sistema delle fonti*, pag. 21 in Silvio Gambino, *Diritto Regionale e degli Enti Locali.*

riservate alle Regioni tutte le competenze legislative non già elencate nei commi precedenti, quindi secondo un criterio cosiddetto di residualità. Con la Riforma spetta alle Regioni *"la potestà legislativa in riferimento ad ogni materia non espressamente riservata alla legislazione dello Stato"*. A differenza del sistema precedenti sono ora le Regioni ad avere una potestà legislativa generale a fronte di quella invece predeterminata dello Stato. Inoltre vengono cancellate le clausole di salvaguardia a favore dello Stato e dell'interesse nazionale. Nasce però una difficoltà legata al fatto che le materie residuali sono di difficile individuazione essendo che tra le materie attribuite alla competenza esclusiva dello Stato ve ne sono alcune di carattere trasversale, ovvero senza riferimento ad oggetti precisi ma con finalità che devono essere perseguite (per questo denominate le c.d. Materie-valore o Materie-funzioni dalla dottrina), intrecciandosi così con una pluralità di interessi che incidono già nei confronti della potestà legislativa concorrente o residuale [19]. Tali difficoltà hanno reso spesso necessario l'intervento della Corte costituzionale la quale ha affermato più volte che gli ambiti riservati alla potestà legislativa dello Stato non possano essere intesi rigidamente ma vadano considerati alla luce di valori e interessi costituzionalmente protetti. Per tale motivo vi sarebbero materie trasversali dove lo Stato deve necessariamente adottare una disciplina unitaria per garantire su tutto il territorio nazionale i medesimi livelli essenziali delle prestazioni concernenti i diritti civili e i diritti sociali.[20]
Con l'entrata in vigore del nuovo Titolo V all'*autonomia legislativa (art.117)* delle Regioni si aggiungono, dunque, *l'autonomia politica (art.114),* consistente

19 http://leg16.camera.it/561?appro=904
20 Sentenze n. 171/2012, n. 235 del 2011, n. 225/2009, n. 12 del 2009, n. 345/2004, n. 272/2004

nell'autodeterminazione dell'indirizzo politico e delle forme di funzionamento e organizzazione, alla quale si aggiunge l'elevazione al rango costituzionale del diritto degli enti territoriali minori di darsi un proprio statuto, l'*autonomia amministrativa (art.118)*, con le funzioni amministrative distribuite partire dal livello istituzionale più decentrato possibile e *l'autonomia finanziaria (art.119)*, sia in entrata che in uscita, ma sempre "nel rispetto dell'equilibrio dei relativi bilanci", essendo sottoposta a vincoli sia statali che comunitari.

L'**autonomia politica** è affermata dall'art.114 secondo cui *"I Comuni, le Province, le Città metropolitane e le Regioni sono enti autonomi con propri statuti, poteri e funzioni secondo i principi fissati dalla Costituzione"*. Si afferma quindi la pari dignità politica di tutti gli enti locali secondo una logica ascendente[21], grazie alla quale gli enti locali possono individuare e determinare i fini che intendono perseguire in relazione ai propri interessi e alle caratteristiche del proprio territorio (c.d. indirizzo politico) in modo indipendente rispetto a quello statale. L'autonomia politica degli enti locali, dunque, è delineata dall'attribuzione di poteri e funzioni proprie, ma soprattutto è resa possibile dall'autonomia statutaria che gli viene assegnata. Quest'ultima è riconosciuta alle sole regioni a statuto ordinario essendo che gli statuti delle regioni a statuto speciale sono leggi costituzionali dello Stato. L'autonomia statutaria permette agli enti locali di emanare norme giuridiche che abbiano efficacia all'interno dell'ordinamento generale secondo i caratteri di *necessarietà*, per cui ogni ente deve necessariamente dotarsi di un proprio statuto, di *unicità ed esclusività*, per cui ogni ente applica, attraverso il proprio unico ed esclusivo statuto, la normativa

---

21 Carlo Amirante (a cura di), *Diritto Pubblico*, pag 465 Giappichelli editore, Torino 2007

statale alle esigenze territoriali e di *normatività*, per cui lo statuto ha la capacità giuridica di innovare l'ordinamento, avendo efficacia generale ed astratta nel sistema delle fonti. A disciplinare, nello specifico, l'autonomia statutaria regionale è, invece, l'art.123 della Costituzione. Secondo tale norma ciascuna regione adotta, attraverso una legge regionale[22], uno statuto che *"ne determina i principi fondamentali di organizzazione e funzionamento"*, regolando *"l'esercizio del diritto di iniziativa e del referendum su leggi e provvedimenti amministrativi della Regione e la pubblicazione delle leggi e dei regolamenti regionali"*. Attraverso tale potere statutario ogni Regione specifica le attribuzioni degli organi, l'assetto amministrativo e le forme di garanzia e partecipazione delle minoranze. Grazie a tale strumento l'ente si dota così di una forma di autogoverno per adattare le proprie strutture gestionali al proprio territorio.

Anche le nuove forme di **autonomia amministrativa** riconosciuta alle Regioni sono in netta rottura rispetto all'impostazione precedente. A norma dell'ex art.118 alle Regioni spettavano solo le funzioni amministrative riguardanti le materie elencate nell'ex art.117 e l'eventuale ampliamento delle funzioni era possibile con legge statale per cui lo Stato poteva *"delegare alla Regione l'esercizio di altre funzioni amministrative"*. Era successivamente la Regione a delegare le proprie funzioni amministrative a Province, Comuni ed altri enti locali. Con la Riforma è stata ribaltato tale sistema con il recepimento nella Carta costituzionale del principio di sussidiarietà, già ideato nel 1992 a Maastricht e inserito nel nostro ordinamento dalle leggi Bassanini, che in Italia si esprime principalmente nell'ambito delle funzioni amministrative. A norma del nuovo art.118, infatti, *"le funzioni amministrative sono attribuite ai Comuni salvo che, per*

22 Successivamente alla legge Costituzionale n.1 del 1999

*assicurarne l'esercizio unitario, siano conferite a Province, Città metropolitane, Regioni e Stato sulla base dei principi di sussidiarietà, differenziazione e adeguatezza"*. Secondo tale precetto, dunque, le funzioni amministrative sono, di base, conferite ai Comuni, essendo questi gli enti più vicini alle esigenze del cittadino, e quindi titolari di funzioni amministrative proprie, per poi essere trasferite agli enti sovraordinati, secondo il principio di *sussidiarietà verticale*, in caso di necessità. Questo perché, secondo il *principio di adeguatezza* la portata del principio di sussidiarietà verticale deve essere compatibile con le capacità operative dell'ente cui sono attribuite le funzioni. Inoltre, secondo il *principio di differenziazione*, le medesime problematiche locali possono essere risolte da enti di diverso livello istituzionale, tenendo conto delle possibili diversità delle situazioni economiche e sociali che possono manifestarsi anche in enti del medesimo livello. Nell'ultimo comma dell'art.118, infine, si prevede che gli enti locali debbano favorire *"l'autonoma iniziativa dei cittadini, singoli e associati, per lo svolgimento di attività di interesse generale"* secondo il *principio di sussidiarietà orizzontale"*.

Per quanto concerne, invece, l'**autonomia finanziaria**, secondo la formulazione dell'ex art.119 essa era una prerogativa riconosciuta esclusivamente delle Regioni, ma sempre *''nelle forme e nei limiti stabiliti da leggi della Repubblica, che la coordinano con la finanza dello Stato, delle Provincie e dei Comuni"*. Era dunque una riserva di legge assoluta a regolare l'autonomia finanziaria delle Regioni, che doveva essere gestita in modo coordinato con la finanza degli altri enti locali. Le Regioni, inoltre, godevano già di un'autonomia impositiva per la quale potevano imporre tributi propri *"in relazione ai bisogni delle Regioni per le spese necessarie ad adempiere le loro funzioni normali"*. Con la Riforma l'autonomia finanziaria, oltre che alle Regioni, viene riconosciuta anche a Comuni,

Province e Città metropolitane che *''hanno autonomia finanziaria di entrata e di spesa, nel rispetto dell'equilibrio dei relativi bilanci, e concorrono ad assicurare l'osservanza dei vincoli economici e finanziari derivanti dall'ordinamento dell'Unione europea"*. In tal modo si stabilisce formalmente che tutti gli enti locali finanziano le proprie spese amministrative e di funzionamento attraverso la propria autonomia impositiva, quindi prelevando tributi dalla propria collettività. Le entrate e le spese degli enti locali, facendo parte dei bilanci pubblici, devono rispettare i vincoli economici e finanziari provenienti dall'ordinamento comunitario e devono farlo secondo il *principio del coordinamento della finanza pubblica*, che è materia di legislazione concorrente Stato-Regione[23] per cui è la Regione a stabilire nel dettaglio le modalità di spesa, ma alla luce dei principi fondamentali stabiliti dallo Stato che sono in relazione con i vincoli a cui esso è sottoposto per i quali può stabilire dei massimi tetti di spesa per gli enti locali senza poter entrare nel dettaglio condizionando le singole voci di spesa. Emerge però una differenziazione tra l'autonomia finanziaria delle Regioni e quella degli altri enti locali: essendo che l'art.23 della Costituzione sancisce che *"nessuna prestazione personale o patrimoniale può essere imposta se non in base a legge"* e posto che sono lo Stato e le Regioni godono di una potestà legislativa, solo queste ultime godono di una piena autonomia finanziaria, mentre la potestà impositiva degli altri enti locali rientra pur sempre all'interno di leggi, regionali o statali che siano, per cui sono sottoposte a vincoli predeterminati e svolgono la propria autonomia muovendosi all'interno di questi ultimi. Il finanziamento delle funzioni pubbliche riservate agli enti locali avviene sia attraverso le *risorse autonome* di cui essi dispongono, in quanto *"Comuni, le Province, le Città metropolitane e le Regioni hanno un proprio*

23 Art.117, Co. 3

*patrimonio, attribuito secondo i principi generali determinati dalla legge dello Stato*"[24], sia dai *tributi propri,* che nel caso delle Regioni vengono imposti in base a legge mentre nel caso degli altri enti locali attraverso la potestà regolamentare, sia dalle *"compartecipazioni al gettito di tributi erariali* riferibile al loro territorio".[25] È previsto inoltre un *fondo perequativo* per colmare eventuali squilibri tra le Regioni, derivanti dalla diversa capacità fiscale dei territori, al fine di assicurare i medesimi standard nell'erogazione di alcuni servizi.[26] Infatti a norma dell'art.119 Co. 4 gli eventuali fondi perequativi sono istituiti dalla legge statale "senza vincoli di destinazione, per i territori con minore capacità fiscale per abitante".

## 3.4 REGIONALISMO DIFFERENZIATO

La Riforma costituzionalizza il regionalismo differenziato che, al fianco della differenziazione regionale relativo alle Regioni a Statuto speciale, è volto a valorizzare anche le particolarità delle Regioni a Statuto ordinario. Infatti l'art.116 stabilisce che possono essere concesse a queste ultime *"ulteriori forme e condizioni particolari di autonomia"* attraverso la legge statale *"su iniziativa della Regione interessata"* previa approvazione delle *"Camere a maggioranza assoluta dei componenti, sulla base di intesa fra lo Stato e la Regione interessata".* In tal modo viene ridotta drasticamente la differenza tra le Regioni a Statuto speciale e quelle a Statuto ordinario, sulla base della concezione per cui, nel corso del tempo, siano venuti meno, quasi del tutto, i fattori che giustificarono la creazione delle Regioni a Statuto speciale. Anzi, nel corso della storia del regionalismo italiano, sempre di più si è avvertita l'esigenza di ciascuna Regione di godere di una

24 Art. 119, Co. 7
25 Art. 119, Co. 3
26 www.treccani.it

maggiore autonomia[27]. Nonostante ciò la Riforma mantiene una caratterizzazione della specialità in favore delle Regioni a Statuto speciale che per certi aspetti si può ritenere persino svantaggiosa nei confronti di quelle a statuto ordinario: gli Statuti delle prime sono sottoposte all'approvazione del Parlamento, essendo leggi Costituzionali dello Stato, mentre gli Statuti delle seconde, in base all'art.123, sono approvate dalle leggi regionali emanate dalle Regioni stesse. È proprio sulla base dell'autonomia statutaria di cui godono le Regioni ordinarie che si fonda la nuova tendenza volta ad allontanarsi dal precedente assetto fondato sulla differenziazione regionale.

## 3.5 L'ELIMINAZIONE DEI CONTROLLI

La revisione del Titolo V ha cancellato i preesistenti controlli, sia dello Stato nei confronti della Regione, sia della Regione nei confronti degli enti locali[28]. Si trattava di controlli di natura gerarchica riguardanti la legittimità degli atti amministrativi della Regione e venivano esercitati *"da un organo dello Stato, nei modi e nei limiti stabiliti da leggi della Repubblica"* (ex art.125). Talvolta la legge poteva persino ammettere il controllo di merito sugli stessi atti al fine di *''promuovere, con richiesta motivata, il riesame della deliberazione da parte del Consiglio regionale"* (ex art.125). A questo tipo di controlli è stato sostituito un sistema di controlli relativi alla gestione delle risorse, attinenti dunque ad efficienza, efficacia ed economicità delle attività delle Regioni. La verifica sulla gestione è demandata alle sezioni regionali della Corte dei

27Tommaso Edoardo Frosini, *la differenziazione regionale nel regionalismo differenziato*, articolo su rivista dell'associazione italiana dei costituzionalisti www.associazioneitalianacostituzionalisti.it
28Carlo Amirante (a cura di), *Diritto Pubblico*, pag.487 Giappichelli editore, Torino 2007

conti col compito di garantire la corretta gestione delle risorse collettive. Le modalità e il funzionamento dei controlli interni, invece, sono disciplinate all'interno degli Statuti regionali.

## 3.6 IL POTERE SOSTITUTIVO DEL GOVERNO

A norma dell'art.120 è riconosciuto un potere sostitutivo al Governo nei confronti *"delle Regioni, delle Città metropolitane, delle Province e dei Comuni in caso di mancato rispetto di norme e trattati internazionali o della normativa comunitaria"* oppure in caso *"di pericolo grave per l'incolumità e la sicurezza pubblica"* al fine di assicurare *"la tutela dell'unità giuridica o dell'unità economica"* e garantire uniformemente *"la tutela dei livelli essenziali delle prestazioni concernenti i diritti civili e sociali".* È la legge a definire le procedure idonee affinchè i poteri sostitutivi siano esercitati sempre *"nel rispetto del principio di sussidiarietà e del principio di leale collaborazione".* Quest'ultimo aspetto risulta il fulcro della norma, considerando il potere sostitutivo non come un controllo centrale su quello locale, ma in un'ottica di cooperazione tra i vari livelli istituzionali. A disciplinare tale norma costituzionale è la legge n. 131 del 2003, riguardante le *"Disposizioni per l'adeguamento dell'ordinamento della Repubblica alla legge costituzionale 18 ottobre 2001, n. 3"* che stabilisce la sequenza procedimentale volta a conferire ad un *Commissario ad acta,* in via di urgenza, i poteri necessari per ripristinare la situazione amministrativa. Si tratta, dunque, di un potere di carattere straordinario, esercitato in via provvisoria dall'organo sostitutivo, per il quale non è modificabile la titolarità della funzione. Infatti la sostituzione governativa non può investire la funzione legislativa, in quanto si tratterebbe di una invasione illegittima della sfera di competenza regionale, ma solo adottare atti amministrativi di carattere straordinario col fine di assicurare l'unità giuridica ed economica dei livelli essenziali delle prestazioni concernenti i diritti sociali e civili[29].

29Carlo Amirante (a cura di), *Diritto Pubblico*, pag.488 Giappichelli editore, Torino 2007

# CAPITOLO 9:
# LE GARANZIE
# COSTITUZIONALI

# 9. GARANZIE COSTITUZIONALI

Il Titolo VI della Parte II della Costituzione è dedicato alle garanzie costituzionali, trattando dunque la Corte costituzionale (Sezione I), le leggi costituzionali e la revisione della costituzione (Sezione II). Si tratta degli articoli che vanno dal 134 al 139.

## 1. LA CORTE COSTITUZIONALE

La Corte costituzionale, detta anche Consulta, è un organo di garanzia costituzionale preposto principalmente per tutelare la Costituzione e con precisi compiti istituzionali. Tali **compiti** sono esplicitamente descritti dall'art.134, il quale afferma che tale organo giudica: le controversie relative alla legittimità degli atti normativi di Stato e Regioni; i conflitti di attribuzione (ovvero il conflitto tra due soggetti istituzionali per cui la Corte deve decidere quale tra i due ha competenza o non ha competenza su una materia); le accuse contro il Presidente della Repubblica, a norma della Costituzione. A questi si sono, poi, aggiunti: il giudizio sull'ammissibilità dei referendum abrogativi (legge cost. n. 1/1953; e legge n. 352/1970) e il giudizio sulla legittimità costituzionale degli statuti delle regioni ad autonomia ordinaria (art.123). A stabilirne la **composizione** è l'art.135, il quale indica le modalità di nomina dei quindici giudici: cinque sono nominati dal Presidente della Repubblica, cinque dal Parlamento in seduta comune e cinque dalle supreme magistrature ordinarie ed amministrative. I giudici di tale corte vengono scelti tra magistrati, docenti ordinari di università in materie giuridiche e avvocati con oltre vent'anni di esercizio. Rimangono in carica per nove anni e non sono nuovamente nominabili. Il Presidente, eletto tra i componenti, dura in carica tre anni ed è rieleggibile. Nei

giudizi d'accusa contro il Presidente della Repubblica
intervengono anche sedici membri tratti a sorte da un elenco
di cittadini, stilato dal Parlamento, aventi i requisiti per
l'eleggibilità a senatore.

## 2. GIUDIZIO DI LEGITTIMITA' DELLE LEGGI

Il controllo di legittimità costituzionale si riferisce, dunque,
alla verifica della conformità alla costituzione degli atti
normativi. La Corte può dunque dichiarare *"l'illegittimità
costituzionale di una norma di legge o di atto avente forza di legge"*
(art.136). In tal caso la norma perde d'efficacia dal giorno
successivo alla pubblicazione della decisione. A sancire
l'assoluta autorevolezza del giudizio della Corte
costituzionale, a garanzia del sistema costituzionale,
interviene l'ultimo comma dell'art.137: *"contro le decisioni della
Corte costituzionale non è ammessa alcuna impugnazione"*, nel
senso che non è possibile rifiutare il giudizio della Corte o
ricorrere a ulteriore giudizio. A bilanciare tale disposizione è
il fatto che le condizioni, forme e termini di proponibilità dei
giudizi di legittimità costituzionale siano stabilite non da una
legge ordinaria, ma da una legge di rango costituzionale. Il
controllo di legittimità costituzionale della Corte può essere
attivato in via incidentale o in via diretta (detta anche
principale). Nel primo caso la richiesta di giudizio sulla
costituzionalità di una disposizione o norma avviene nel
corso di un processo, in cui il ***giudice a quo*** solleva il
dubbio di costituzionalità e, sospendendo il processo, investe
con ordinanza motivata la Corte costituzionale. Affinché tale
ordinanza sia possibile devono essere presenti due requisiti,
ovvero quello della ***rilevanza*** (la risoluzione del dubbio di
costituzionalità è necessaria ai fini della decisione del giudice
nel processo in corso) e della ***non manifesta infondatezza***
(dev'esservi un minimo di fondamento di dubbio di

costituzionalità). Nel secondo caso è il Governo che ritenga che una legge regionale ecceda la competenza della Regione (o viceversa) oppure anche che una Regione ritenga sia stata lesa la sua sfera di competenza dalla legge regionale di un'altra Regione. Il controllo è di tipo successivo; quello preventivo riguarda solo gli statuti regionali. In ogni caso esiste un'asimmetria nel rapporto tra Stato e Regioni: lo Stato può impugnare le leggi regionali per ogni vizio di legittimità, mentre le Regioni possono impugnare le leggi statali solo in caso di lesione della loro sfera di competenza. La Corte può decidere con ordinanza o sentenza: adotta una sentenza quando giudica in via definitiva, mentre utilizza un'ordinanza per tutti gli altri provvedimenti. Le sentenze possono essere: ***sentenze di accoglimento***, con cui la Corte dichiara l'illegittimità costituzionale della disposizione o della norma impugnata, oppure ***sentenze di rigetto***, con cui la Corte dichiara infondate le questioni sottoposte. È stata comunque superata questa dicotomia, avendo sviluppato fino ad oggi la Corte ulteriori tipologie di sentenze (ad esempio sentenze additive, manipolative, di indirizzo ecc.).

## 3. LA RIGIDITA' COSTITUZIONALE

La rigidità costituzionale si riferisce al fatto che le disposizioni della costituzione non possono essere integrate, modificate o abrogate con procedure semplici e ordinarie, ma necessitano di procedure più complesse, dette *aggravate*, a garanzia dell'importanza che ricoprono le norme costituzionali, essendo poste al livello più alto nella gerarchia delle fonti. Le costituzioni con tali caratteristiche sono dunque dette rigide, in contrapposizione alle costituzioni flessibili in cui le disposizioni costituzionali sono modificabili con le medesime procedure previste per le leggi ordinarie. La rigidità costituzionale implica che per integrare o modificare la costituzione è necessario un atto normativo specifico, ovvero la legge costituzionale, che è collocata a un livello gerarchicamente sovraordinato in caso di contrasto tra legge costituzionale e ordinaria: "*lex superior derogat inferiori*" (la legge superiore deroga la legge inferiore). Perchè la rigidità costituzionale si effettiva è necessario un meccanismo di controllo di legittimità costituzionale degli atti normativi ordinari, che si occupi di affermare e riaffermare la superiorità delle norme costituzionali e la rispondenza alle stesse delle norme gerarchicamente collocate su un livello inferiore. L'art.138 stabilisce che "*le leggi di revisione della Costituzione e le altre leggi costituzionali*" sono adottate dalle Camere con due deliberazioni distanziate da minimo tre mesi. Entro tre mesi dalla pubblicazione è possibile richiedere un referendum popolare a tal proposito (possono richiederlo cinquecentomila elettori, un quinto dei membri di una Camera o cinque Consigli regionali), anche se solo nel caso in cui nella seconda votazione non sia stata raggiunta la maggioranza di due terzi dei componenti di ciascuna Camera. In caso di referendum la legge deve essere approvata dalla maggioranza dei voti validi per essere promulgata.

## 4. LA FORMA REPUBBLICANA

L'ultimo articolo della Costituzione, l'art.139, stabilisce che "*la forma repubblicana non può essere oggetto di revisione costituzionale*". Si tratta dunque di un limite specifico alla revisione costituzionale, andando così a definire l'assoluta non modificabilità. La forma repubblicana viene dunque sottratta alla revisione costituzionale, nel rispetto del risultato del Referendum del 1946 che ha sancito il passaggio dalla monarchia alla forma repubblicana. I costituenti, nel rispetto della decisione popolare, hanno esplicitato tale limite anche per i legislatori futuri, non prevedendo la possibilità di un ulteriore Referendum istituzionale di eventuale ritorno alla monarchia. Tale ipotesi è rafforzata dal fatto che, avendo il procedimento di revisione costituzionale la funzione di conservare nel tempo la Costituzione, non è possibile sovvertire principi e valori dell'assetto originario. Questa sarebbe, infatti, la conseguenza naturale di un cambio di forma.

# BIBLIOGRAFIA

Carlo Amirante (a cura di), *Diritto Pubblico*, Giappichelli editore, Torino 2007

Alessandro Mazzitelli, *L'impatto della riforma sul sistema delle fonti*, pag. 21 in Silvio Gambino, *Diritto Regionale e degli Enti Locali.*

Alessandro Mazzitelli, *La Potestà Legislativa delle Regioni*, pag.34 in *Diritto Regionale*, Silvio Gambino, Giuffrè editore, Milano 2009

# SITOGRAFIA

www.associazioneitalianacostituzionalisti.it
www.forumcostituzionale.it
www.rivistaaic.it
www.federalismi.it
www.wikipedia.it
www.brocardi.it
www.simone.it
www.treccani.it

# BIOGRAFIA

Giuseppe Santelli è nato a Cosenza il 4 Agosto del 1992.

Sin da piccolo si dimostra appassionato alla cultura, alla musica, allo sport. Cresce in mezzo ai libri, quelli della casa editrice di famiglia. Si diploma con una tesina sulla libertà.

Nell'A.A. 2012/2013 si iscrive al corso di Scienze Politiche all'Unical. Nell'A.A. 2014/2015 si laurea con 110/110 con Lode e una tesi in diritto pubblico con relatore il Prof. Alessandro Mazzitelli.

A Maggio 2013 risulta, come primo degli eletti, Rappresentante degli studenti del corso, da neo-matricola. Nel 2015 si candida al Senato Accademico, ottenendo circa 600 preferenze e risultando il primo dei non eletti della lista. In quegli anni, è Presidente dell'associazione A.G.O.S.

Nel 2011, ancora diciottenne, fonda l'etichetta discografica NSM, che nel 2015 vincerà un Disco d'Argento. Tra i dischi pubblicati anche il suo "Questo è il tuo mondo coloralo tu" nel Maggio 2015, presentato a Genova alla Fiera Internazionale della Musica e top100 ascolti nelle radio italiane per i tre mesi successivi. Nel 2016, al termine del progetto, sono stati circa 80 gli artisti seguiti, per oltre 600 brani pubblicati.

Nell'A.A. 2016/2017 si iscrive all'Università di Bologna al Corso di Laurea Magistrale in Comunicazione Pubblica e d'Impresa, laureandosi nell'A.A. 2017/2018.

A Giugno 2018 diventa amministratore della Santelli editore, avviando il rinnovamento totale della casa editrice.

# Indice

www.ingramcontent.com/pod-product-compliance
Lightning Source LLC
LaVergne TN
LVHW090108180726
843489LV00002B/770